Theory and Application of
Quantum Error Correction Coding

量子纠错编码
理论与应用

马鸿洋 范兴奎 王淑梅
赵晓龙 邱田会　编著

人 民 邮 电 出 版 社
北 京

图书在版编目（CIP）数据

量子纠错编码理论与应用 / 马鸿洋等编著. -- 北京 ：
人民邮电出版社, 2025. -- ISBN 978-7-115-65733-6

Ⅰ. O157.4

中国国家版本馆 CIP 数据核字第 20242K5C28 号

内 容 提 要

本书深入剖析了量子纠错编码理论的主要思想和技术。首先，概述了量子计算的背景和量子纠错编码的重要性，探讨了量子比特、量子退相干现象，以及量子纠错编码的基本原理和关键发展。其次，详细总结了量子纠错编码理论的基础知识和关键理论，包括数学基础、量子信息基础和量子计算基础。最后，针对量子纠错编码的实验应用和实际应用领域，展示了理论与实践相结合的最新进展。

本书兼具基础性和前瞻性，既包含学科主要基础理论，又较为系统地介绍了当前该领域前沿主要研究方向和动态。本书文笔简练、内容深入浅出、说理透彻、结构合理、特色鲜明，适合作为高等院校量子信息、物理、计算机以及数学等专业本科生的参考书使用，也可供相关领域的科研人员和工程技术人员参考。

- ◆ 编　　著　马鸿洋　范兴奎　王淑梅　赵晓龙　邱田会
  责任编辑　贾子睿
  责任印制　马振武
- ◆ 人民邮电出版社出版发行　　北京市丰台区成寿寺路 11 号
  邮编　100164　电子邮件　315@ptpress.com.cn
  网址　https://www.ptpress.com.cn
  固安县铭成印刷有限公司印刷
- ◆ 开本：700×1000　1/16
  印张：10.5　　　　　　　　　2025 年 9 月第 1 版
  字数：171 千字　　　　　　　2025 年 9 月河北第 1 次印刷

定价：99.80 元

读者服务热线：(010)53913866　印装质量热线：(010)81055316
反盗版热线：(010)81055315

序

  仰望苍穹，回想亘古，物理学是推动世界发展的巨大动力。在物理学领域，量子计算被认为是一种对未来具有颠覆性影响的新型计算模式。量子计算遵循量子比特相干叠加与纠缠特性及量子电路的可逆性等基本规律，调控量子比特进行信息处理，在特定问题上相对于经典计算提供指数级加速，在确保信息安全、提高运算速度等方面提供有效解决方案。量子比特在量子计算中不是孤立存在的，与外界环境发生交互作用会破坏量子比特之间的相干性，形成量子退相干，从而使量子计算中出现错误。要使量子计算尽早应用在实际中，重点是利用量子纠错编码解决量子退相干带来的量子噪声。

  量子纠错编码是解决这个问题的有力武器，是量子系统有效运行的关键。量子纠错编码对信道传输中随机扰动引起的量子比特错误进行及时纠正，以保证所传递量子信息的准确性。从 2003 年起，本人开始从事量子信息方面的研究工作。20 多年间，持续讲授量子信息方面的相关课程，埋头钻研和孜孜探索。将多年的授课积累，结合科研成果和科研感悟整理修订成书，其中也包括部分国内外学者的研究成果和本课题组的研究成果，在内容的选择编排、知识的深度广度、叙述角度等方面力求做到体系清晰完整、结构严谨合理、内容详略得当、表述清楚确切。

  在撰写此书过程中，本人始终对前人的研究所得和经典理论保持敬畏之心，在确保基础知识的系统性、科学性、实用性的基础上，突出本书特色，尽可能地展示本课题组的研究成果；内容选择体现当代科技进步和本学科的发展趋势，注重知识的先进性和时代性。同时，注重理论与实践相结合，引导读者利用已有知识与经验，主动探索知识的产生与发展；适当渗透先进的科学思想和研究成果，分析概念实质，揭示理论意图，挖掘物理内涵，让读者在学习中知其然并知其所以然。量子纠错编码理论中还有尚未弄清楚的重要问题，本人本着开放思想、勇于创新的原则，对现有的研究方法和学科前沿的研究成果进行了探讨。

此书落笔之时，正值"五四"青年节。回味自己的青春时光，再看如今风华正茂的莘莘学子，备感欣慰，为此想对学子们说几句心里话。做人应以德为本，厚德载物，心诚意正，虚心向学。做事要有宽仁情怀、全局意识，做到修身齐家、报国为民。做学问要博学思辨，存疑创新，大胆假设，小心求证。无论身处何境，都能暖心向阳，不负韶华，秉承"百折不挠、刚毅厚重、勇承重载"之精神，为国之富强努力拼搏！就本人多年的学业追求与人生体悟，写下四句以表感怀：

一叶扁舟桨木勤，学海深处去探春。

今成小卷暂称著，研途步步成果新。

掬水月在手，本人怀着一颗赤诚之心，本着对学术的热爱完成此书。错误疏漏之处在所难免，鉴于本人所知有限，或许有适宜本书的好成果未被收纳，对知识的理解和讲解也有可能存在不当之处，敬请读者批评指正。

马鸿洋

2024 年 5 月

前　言

　　本书深入剖析了量子纠错编码理论的主要思想和技术。这个领域的快速发展和它的跨学科性质，使得初学者难以理解和掌握这个领域的重要技术和成果。因此，编写此书的目的具有双重性。一方面，掌握量子纠错编码理论所必需的数学、物理学和计算机科学的知识是开始独立研究量子纠错编码理论的基础。另一方面，了解当下量子纠错编码理论的科研进展与科研成果是继续研究量子纠错编码理论的重要内容。为了方便读者阅读与理解，本书主要内容分为基础篇和应用篇，从基础理论到实际应用，由浅至深，循序渐进。

　　首先，概述了量子计算背景和量子纠错编码的重要性，介绍了量子比特、量子退相干现象，以及量子纠错编码的基本原理和关键发展，为读者提供量子纠错编码理论的基础知识和应用指南。

　　其次，详细总结了量子纠错编码理论的基础知识，分为 3 个模块：数学基础、量子信息基础和量子计算基础。在数学基础模块，深入讲解了群与环的概念，包括集合与关系、群、环、唯一分解整环等，为理解量子纠错编码理论中的数学工具打下坚实基础。量子信息基础模块覆盖了噪声类型、量子纠错理论、各类量子纠错编码（如量子 CSS 码、量子稳定子码、量子 LDPC 码、量子拓扑码和量子表面码等）及其应用于错误检测和校正的方法。量子计算基础模块包括代数量子编码理论、错误控制线路、Grover 算法纠缠特性、量子信息压缩算法以及基于群论的优化纠错检测，提供了一系列理论工具和算法，旨在深化读者对量子计算和量子信息处理技术的理解。

　　最后，着重于量子纠错编码的实验应用和实际应用领域，展示了理论与实践相结合的最新进展。在实验应用方面，展示了利用机器学习和强化学习技术开发的先进量子纠错方案，包括基于拓扑码、量子表面码和 Semion 码的纠错方案，以及利用两格点玻色-哈伯德模型进行量子纠错的探索。这部分展示了如何通过创新算法提高量子纠错的效率和准确性。在实际应用方面，探讨了量子纠错编码在不同量子技术中的应用，如低损耗置信传播译码器、连续变量子纠错、离子阱量子纠错以及液态核磁共振实验和使用线性光学量子计算的实验。这一部分不仅详细展示了各种实际应用案例，还讨论了面临的挑战和潜在的解决方案，展现了量子纠错技术在推进量子计算和量子通信实际部署中的关键作用。

作者

2025 年 3 月

目　录

第1章　绪论 ……………………………………………………………………………… 1

　参考文献 ………………………………………………………………………………… 2

第一部分　基础篇

第2章　数学基础 ……………………………………………………………………… 7

　2.1　群与环 …………………………………………………………………………… 7

　　2.1.1　集合与关系 ……………………………………………………………… 7

　　2.1.2　群 …………………………………………………………………………… 11

　　2.1.3　子群 ………………………………………………………………………… 14

　　2.1.4　群的同态与同构 ………………………………………………………… 18

　　2.1.5　特殊的群 …………………………………………………………………… 20

　　2.1.6　环 …………………………………………………………………………… 25

　　2.1.7　唯一分解整环 …………………………………………………………… 30

　2.2　小结 ……………………………………………………………………………… 34

第3章　量子信息基础 ……………………………………………………………… 35

　3.1　噪声类型 ………………………………………………………………………… 35

　　3.1.1　完备的动量映射和广义的测量 ……………………………………… 36

　　3.1.2　一般噪声模型 …………………………………………………………… 37

　3.2　量子纠错理论 …………………………………………………………………… 40

　　3.2.1　理论基础 …………………………………………………………………… 40

　　　　3.2.2　简并编码 ·· 45

　　　　3.2.3　量子 Hamming 界 ·· 46

　　　　3.2.4　量子单一界 ·· 47

　　3.3　量子 CSS 码 ··· 48

　　3.4　量子稳定子码的对易和矢量偶 ·· 50

　　3.5　量子 LDPC 码 ·· 52

　　3.6　量子拓扑码 ··· 53

　　　　3.6.1　晶格上的拓扑码 ·· 54

　　　　3.6.2　边界上的拓扑码 ·· 56

　　3.7　量子表面码 ··· 58

　　3.8　校正子与错误检测 ·· 61

　　　　3.8.1　校正子解码和标准阵列 ·· 61

　　　　3.8.2　重要的编码界限 ·· 65

　　3.9　小结 ·· 66

　　参考文献 ·· 67

第 4 章　量子计算基础 ·· 69

　　4.1　代数量子编码理论 ·· 69

　　　　4.1.1　量子稳定器码 ··· 69

　　　　4.1.2　循环码 ··· 73

　　4.2　错误控制线路 ·· 75

　　　　4.2.1　量子 Pauli 门编码 ·· 76

　　　　4.2.2　量子 Hadamard 门编码 ·· 77

　　　　4.2.3　量子相位门编码 ·· 78

　　　　4.2.4　量子 CNOT 门编码 ·· 78

　　4.3　Grover 算法纠缠特性 ·· 79

　　　　4.3.1　量子纠缠与纠缠度量 ··· 79

　　　　4.3.2　均匀叠加态下 Grover 算法中的并发纠缠测度 ············· 82

　　　　4.3.3　均匀叠加态下 Grover 算法中的几何纠缠测度 ············· 83

　　　　4.3.4　特殊初始态下 Grover 算法中的 Groverian 纠缠测度 ······ 86

　　4.4　量子信息压缩算法 ·· 87

　　4.5　基于群论的优化纠错检测 ··· 89

　　　　4.5.1　定义量子纠错优化问题 ·· 89

　　　　4.5.2　完全正定保迹约束的结构 ····································· 90

4.5.3 近似无退相干子空间的优化 ·· 92

4.6 小结 ·· 94

参考文献 ·· 94

第二部分 应用篇

第 5 章 实验应用 ··· 97

5.1 基于机器学习的拓扑码纠错方案 ·· 97
5.1.1 引言 ··· 97
5.1.2 对偶晶格下的复曲面码 ··· 98
5.1.3 量子比特编码和错误检测 ·· 99
5.1.4 卷积神经网络解码器框架 ··· 101
5.1.5 解决方案 ··· 102

5.2 基于强化学习的量子表面码纠错方案 ··· 105
5.2.1 引言 ··· 105
5.2.2 表面码编码方案 ··· 105
5.2.3 最优错误校正链的寻找 ·· 107
5.2.4 双 Q 学习算法 ·· 108
5.2.5 解决方案 ··· 109

5.3 基于机器学习的量子 Semion 码纠错方案 ··································· 110
5.3.1 引言 ··· 110
5.3.2 构造整个 Hilbert 空间的 Semion 码 ··································· 111
5.3.3 量子比特编码和错误检测 ··· 115
5.3.4 神经网络解码器框架 ·· 120
5.3.5 解决方案 ··· 121

5.4 基于两格点玻色-哈伯德模型的量子纠错方案 ····························· 123
5.4.1 引言 ··· 123
5.4.2 模型哈密顿量 ·· 123
5.4.3 量子晶格编码 ·· 125
5.4.4 量子漫步纠错过程 ··· 130
5.4.5 纠错和解决方案 ··· 131

5.5 小结 ·· 132

参考文献 ··· 132

第 6 章　实际应用 ·· 134

6.1　低损耗置信传播译码器 ·· 134

　6.1.1　问题概述 ·· 134

　6.1.2　解决方案 ·· 135

　6.1.3　置信传播译码器的局限性 ·· 136

　6.1.4　量子纠错编码增广模型置信传播译码器的改进方案 ·········· 138

　6.1.5　经典译码器译码和 Tanner 图的 GF(4)增广模型 BP 译码器

　　　　译码 ·· 139

　6.1.6　主要结果 ·· 142

6.2　连续变量量子纠错 ·· 143

6.3　离子阱量子纠错 ··· 146

6.4　液态核磁共振实验 ·· 149

6.5　使用线性光学量子计算的实验 ·· 154

6.6　小结 ·· 155

参考文献 ·· 156

第1章
绪 论

随着通信技术的发展，传统计算机已不能满足人们的需要，量子计算机初露锋芒。量子计算机不仅具有存储信息能力强和运算速度快的优点，而且在经典编码的基础上适用于量子编码系统。在量子编码系统中，量子比特处于$|0\rangle$和$|1\rangle$的叠加态，而叠加产生的振幅会互相干扰。当量子比特与外界环境发生交互作用时，会造成量子坍缩，这就形成了量子退相干现象[1-4]。量子比特受到环境中噪声或传输中随机扰动的影响时会出现错误，无法准确传输。量子纠错编码是解决上述问题的有效工具。

量子纠错编码是一种针对量子信息检测和错误校正的控制编码，是量子信息处理中对抗信道噪声及环境噪声影响的一个重要手段。更重要的是，量子纠错编码技术是解决不完美的量子门和噪声下的线路元件对信息传输的干扰的有效方案，并且对于量子通信、量子计算等领域的研究具有重要的指导意义。

众多学者对量子纠错编码的研究做出了创新性贡献。1995 年，发明大数分解算法的 Shor 为了避免退相干的影响，利用编码器进行量子比特模拟存储实验，进而构造出量子纠错编码[[9，1，3]]。Shor[5]对量子纠错方案进行改进，借鉴经典线性纠错编码的思想，提出两个二元纠错编码方案，将量子信息编码到多个量子比特中，降低少数量子比特发生错误对原信息的影响，保持信息位数与代码距离一致，从而缩短了码长，得到量子纠错编码[[7，1，3]]。Steane[6]、Calderbank 等[7]和Schlingemann 等[8]利用量子 Hamming 界构造了满足 $k=n-d+1$ 的最佳量子纠错编码[[5，1，3]]。低密度奇偶校验（Low Density Parity Check，LDPC）码是一类具有稀疏校验矩阵的线性分组码，译码复杂度低、结构灵活，在性能方面优于经典码，这为进一步研究量子纠错编码提供了新的可能。许多国内外学者将 LDPC 码的构造与群论中的有限域进行结合[4-9]，1997 年，Grassl 等[10]提出了一种晶格边界上的量子拓扑码，为量子表面码和量子颜色码的构造和发展奠定了基础[11-13]。

此后，量子纠错编码在数学领域的研究迅速发展，使得纠错码的构造方式更加多元化[4,14-16]。2004 年，剑桥大学的 Mackay 等[17]在经典 LDPC 码的基础上提出了量子 LDPC 码，研究局域独立 Pauli 矩阵和不同噪声环境下的纠缠演化特性。清华大学的 Feng 等[18]在 Hamming 界和 Singleton 界的基础上提出稳定子码中的有限 Gilbert-Varshamov 界。清华大学的 Wang[19]提出量子纠错编码更优化的实验方案。2006 年，加利福尼亚大学的 Brun 等[20]提出利用编码和译码之间的纠缠来简化量子纠错编码理论。2013 年，针对量子纠错编码非对称的几何特性，樊继豪等[21]构造了嵌套包含 Goppa 码与对偶包含 Goppa 码，它们最大的优势是能够更加有效地纠正相位翻转 Z 错误。2018 年，马克斯·普朗克科学促进协会的 Fösel 等[22]提出量子纠错编码方案，确保量子位集合不会受到噪声的干扰。2019 年，麻省理工学院的 Niu 等[23]提出新的量子优化控制方案，进一步提高双量子酉门编码的抗噪声能力。2019 年，胡玲等[24]完成了玻色子量子纠错与容错实验。2022 年，针对量子纠错编码的简并性及传统译码算法匹配不足的问题，Wang[25]等设计了基于卷积神经网络的量子拓扑码译码方案，这对量子信息和量子纠错的实际应用提供了有力支撑。

参考文献

[1] ALY S A. A class of quantum LDPC codes constructed from finite geometries[C]//Proceedings of the IEEE GLOBECOM 2008 - 2008 IEEE Global Telecommunications Conference. Piscataway: IEEE Press, 2008: 1-5.

[2] THORPE J. Low-density parity-check (LDPC) codes constructed from protographs[EB]. 2003.

[3] 陈小余. 量子稳定子码的码字纠缠[J]. 中国科学: 物理学 力学 天文学, 2015, 45(3): 6-17.

[4] 贺振兴. 有限图上量子漫步算法研究及其应用[D]. 青岛: 青岛理工大学, 2021.

[5] SHOR P W. Scheme for reducing decoherence in quantum computer memory[J]. Physical Review A, Atomic, Molecular, and Optical Physics, 1995, 52(4): R2493-R2496.

[6] STEANE A M. Error correcting codes in quantum theory[J]. Physical Review Letters, 1996, 77(5): 793-797.

[7] CALDERBANK A R, SHOR P W. Good quantum error-correcting codes exist[J]. Physical Review A, 1996, 54(2): 1098-1105.

[8] SCHLINGEMANN D, WERNER R F. Quantum error-correcting codes associated with graphs[J]. Physical Review A, 2001(65): 012308.

[9] GOTTESMAN D. Stabilizer codes and quantum error correction[EB]. 1997.

[10] GRASSL M, BETH T, PELLIZZARI T. Codes for the quantum erasure channel[J]. Physical Review A, 1997, 56(1): 33-38.

[11] BRAVYI S B, KITAEV A Y. Quantum codes on a lattice with boundary[EB]. 1998.

[12] FOWLER A G, MARIANTONI M, MARTINIS J M, et al. Surface codes: towards practical large-scale quantum computation[J]. Physical Review A, 2012, 86(3): 032324.

[13] BOMBÍN H. Structure of 2D topological stabilizer codes[J]. Communications in Mathematical Physics, 2014, 327(2): 387-432.

[14] CALDERBANK A R, RAINS E M, SHOR P M, et al. Quantum error correction via codes over GF(4)[J]. IEEE Transactions on Information Theory, 1998, 44(4): 1369-1387.

[15] STEANE A M. Quantum Reed-Muller codes[J]. IEEE Transactions on Information Theory, 1999, 45(5): 1701-1703.

[16] STEANE A M. Enlargement of Calderbank-Shor-Steane quantum codes[J]. IEEE Transactions on Information Theory, 1999, 45(7): 2492-2495.

[17] MACKAY D J C, MITCHISON G, MCFADDEN P L. Sparse-graph codes for quantum error correction[J]. IEEE Transactions on Information Theory, 2004, 50(10): 2315-2330.

[18] FENG K Q, MA Z. A finite Gilbert-Varshamov bound for pure stabilizer quantum codes[J]. IEEE Transactions on Information Theory, 2004, 50(12): 3323-3325.

[19] WANG X B. Quantum error-rejection code with spontaneous parametric down-conversion[J]. Physical Review A, 2004, 69(2): 022320.

[20] BRUN T, DEVETAK I, HSIEH M H. Correcting quantum errors with entanglement[J]. Science, 2006, 314(5798): 436-439.

[21] 樊继豪, 陈汉武, 阮越, 等. 基于经典 Goppa 码的非对称量子稳定子码构造[J]. 中国科学(信息科学), 2013, 43(3): 407-417.

[22] FÖSEL T, TIGHINEANU P, WEISS T, et al. Reinforcement learning with neural networks for quantum feedback[J]. Physical Review X, 2018, 8(3): 031084.

[23] NIU M Y, BOIXO S, SMELYANSKIY V N, et al. Universal quantum control through deep reinforcement learning[J]. NPJ Quantum Information, 2019(5): 33.

[24] 胡玲, 邹长铃, 段路明, 等. 超导量子计算中的玻色量子编码: 量子纠错与逻辑比特操控的实验验证[J]. 物理, 2019, 48(7): 456-458.

[25] WANG H W, XUE Y J, MA Y L, et al. Determination of quantum Toric error correction code threshold using convolutional neural network decoders[J]. Chinese Physics B, 2022, 31(1): 170-176.

第一部分

基础篇

第2章

数学基础

2.1 群与环

群论、概率论以及代数几何在通信和计算机科学中得到了广泛的应用，成为这些领域中不可缺少的基本数学工具。虽然量子纠错编码理论仅有二十多年的发展历史，但量子纠错编码的数学研究进展很快。利用各种数学手段构造性能良好的纠错码和实用的纠错码译码算法，在通信中得到了实际应用。本章介绍量子纠错编码理论中常用的基本数学概念，主要包括群、子群以及环的基本概念和基本性质。

2.1.1 集合与关系

下面给出集合的基本概念。

（1）集合。把若干个固定元素组成的整体称为集合，或简称为集。

（2）子集。若集合 A 中的每个元素都在集合 B 中，则称 A 是 B 的子集，并记为 $A \subseteq B$。

（3）交集。A 与 B 的交集定义为 $A \bigcap B = \{x \mid x \in A \text{ 且 } x \in B\}$。

（4）并集。A 与 B 的并集定义为 $A \bigcup B = \{x \mid x \in A \text{ 或 } x \in B\}$。

（5）幂集。若把集合 A 的每一个子集当作一个元素，则 A 的所有子集也构成一个集合，称为 A 的幂集，记为 $P(A)$。用 $|A| = n$ 来表示集合 A 中元素的个数 n。

易知当 $|A|=n$ 时，

$$|P(A)|=2^n$$

关系作为最基本的数学概念，它主要反映元素之间的联系和性质，且有着重要的意义。

（6）映射。设 A 与 B 是两个集合。若根据法则 φ，对于 A 中的每个元素 x，在 B 中都有唯一确定的元素 y 与之对应，则称 φ 为集合 A 到 B 的一个映射，表示为 $\varphi:x \to y$ 或 $y=\varphi(x)$。同时，把 y 叫作 x 在映射 φ 之下的像，而把 x 叫作 y 在映射 φ 之下的原像或逆像。

（7）满射。设 φ 是集合 A 到 B 的一个映射，若在 φ 之下 B 中的每个元素在 A 中都有逆像，则称 φ 为 A 到 B 的一个满射。

（8）单射。若 A 中的不同元素在 B 中的像也不同，则称 φ 为 A 到 B 的一个单射。

（9）双射。若 φ 既是单射又是满射，则称 φ 是 A 到 B 的一个双射或一一对应。

设 X 是数域 F 上全体 n 阶方阵构成的集合，$Y=\{0,1,\cdots,n\}$，用 $r(A)$ 表示 F 上 n 阶方阵 A 的秩，则法则 $\varphi:A \to r(A)$ 是 X 到 Y 的一个满射，但不是单射。因此，φ 不是 X 到 Y 的一个双射。

下面采用交换图的形式来表达映射的合成。一个映射若能表达成几个映射连续作用的结果（也称映射的乘积），则也能表达成另几个映射连续作用的结果，如图 2-1 所示。

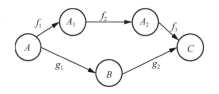

图 2-1　映射合成的交换图

（10）嵌入映射。设 A_0 为 A 的子集，称 A_0 到 A 的映射 i 为 A_0 到 A 的嵌入映射。

（11）限制映射。设 A_0 为 A 的子集，f 为 A 到 B 的映射，g 为 A_0 到 B 的映射。若 A_0 中任意的元素 x 满足 $f(x)=g(x)$，则将其称为开拓或限制映射，称 g 为 f 在 A_0 上的限制，记为 $g=f|_{A_0}$。

由两个元素 a 和 b 按一定顺序排列成的二元组叫作有序对（或有序偶），记作 (a,b)。设 A,B 为两个集合，则称集合 $A \times B=\{(a,b)\,|\,a \in A,b \in B\}$ 为 A 与 B 的直积（或

笛卡儿积）。

（12）关系。设 A 是一个非空集合，R 是 $A \times A$ 的一个子集，$a,b \in A$。若 $(a,b) \in R$，则称 a,b 之间有关系 R，记为 aRb，且称 R 为 A 的一个二元关系。

（13）等价关系。设 R 是集合 A 上的一个二元关系。若 R 满足以下条件，则称 R 是定义在 A 上的一个等价关系。

（i）自反性。$\forall a \in A \Rightarrow (a,a) \in R$。

（ii）对称性。$\forall a,b \in A$，$(a,b) \in R \Leftrightarrow (b,a) \in R$。

（iii）传递性。$(a,b) \in R, (b,c) \in R \Rightarrow (a,c) \in R$。

若 a 等价于 b，则记作 $a \sim b$。

（14）分类。若将集合 A 分成一些非空子集，每个子集称为 A 的一个类，使 A 的每个元素属于且仅属于一个类，则称这些类的全体集合为 A 的一个分类，也称为 A 的一个分化。A 的等价关系与 A 的分类之间有着密切的关系，集合 A 的一个分类决定 A 的一个等价关系。设集合 A 有等价关系 R，$a \in A$，则 A 中与 a 有关系（也称与 a 等价）的所有元素的集合 $\{b \in A | bRa\}$ 称为 a 所在的等价类，记为 $\{a\}$，a 称为这个等价类的代表元。

例如，求由等价关系 $aRb \Leftrightarrow a \equiv b(\bmod 4)$ 所决定的整数集 $\mathbf{Z}$ 的分类。

因为任何整数用 4 除所得余数只能是 $0,1,2,3$，故可得整数集 $\mathbf{Z}$ 的一个分类。把 $\mathbf{Z}$ 分成以下 4 个类

$$\{\cdots,-8,-4,0,4,8,\cdots\}$$
$$\{\cdots,-7,-3,1,5,9,\cdots\}$$
$$\{\cdots,-6,-2,2,6,10,\cdots\}$$
$$\{\cdots,-5,-1,3,7,11,\cdots\}$$

若用 $\overline{m}$ 表示整数 m 所在的类，则以上 4 个类可分别表示成 $\overline{0},\overline{1},\overline{2},\overline{3}$，称它们是以 4 为模的剩余类（或同余类）。

若两个整数 a 与 b 同在一个类，则

$$\overline{a} = \overline{b} \Leftrightarrow 4|(a-b), \overline{a} = \overline{a+4q}$$

其中，q 为任意整数。进一步，可以讨论以任意正整数 n 为模的剩余类。

下面利用集合直积和映射的概念来定义代数运算。

设 A,B,D 均是非空集合，则 A 与 B 到 D 的任一映射 f，称为 A 与 B 到 D 的一个代数运算。这就是说，若 $a \in A, b \in B$，则

$$a \times b \in A \times B, f(a,b) = d \in D$$

即 a,b 是唯一确定的。这里将代数运算的符号记为"∘"，于是有 $a \circ b = d$。有时为便于区分，将该符号改为"+"或"×"。特别地，在乘法运算中通常将"∘"省去。

下面给出一些常用的运算定律。

（i）结合律。设集合 M 有代数运算"∘"。若对 $\forall a,b,c \in M$ 满足 $(a \circ b) \circ c = a \circ (b \circ c)$，则称该运算满足结合律。

通常数和多项式矩阵及函数的加法满足结合律，但一般代数运算不满足结合律。

（ii）交换律。设集合 M 有代数运算"∘"。若对 M 中的任意元素 a,b 都有 $a \circ b = b \circ a$，称该运算满足交换律。

（iii）分配律。设集合 M 有两个代数运算"∘"及"$\oplus$"。若对 M 中的任意元素 a,b,c 都有 $(b \oplus c) \circ a = (b \circ a) \oplus (c \circ a)$ 和 $a \circ (b \oplus c) = (a \circ b) \oplus (a \circ c)$，则称该运算满足"∘"对"$\oplus$"的左分配律和右分配律，左分配律和右分配律统称为分配律。

对于有限集合的代数运算，如表 2-1 所示。

表 2-1　有限集合的代数运算

元素	表达式		
	b_1	...	b_n
a_1	$a_1 \circ b_1$	...	$a_1 \circ b_n$
...	...	...	...
a_n	$a_n \circ b_1$	...	$a_n \circ b_n$

关系是集合 $A(A \neq 0)$ 中两个元素之间的一种性质。

设 $A \neq 0$，A 中的一个关系为 $A \times A$ 的一个子集 R，接下来看一个特殊的集合，它是由集合和该集合上的等价关系导出的。

（15）商集。设 $A \neq 0$，A 中定义了等价关系 R，若把 A 以关系 R 的全部等价类作为元素组成一个新的集合 B，则称 B 为 A 关于 R 的商集合，简称为商集，记作 $B = A / R$。

如在集合 A 中定义了一个运算 R 和一个等价关系 B，就可以构造一个新的集合 A / R。进一步地，希望将 A 上所定义的运算导出到 A / R 中，但 A / R 中的元素实际上是无法参与运算的集合。考察其代表元，分别拿出两个代表元并记为 a,b；其等价类可以表示为 $\bar{a}, \bar{b}$；正常情况下有 $\overline{aRb} = \overline{aRb}$。这样就可以将运算导出到 A / R 中，但若 $\bar{a}, \bar{b}$ 属于 a,b，则可能出现 $aRb \neq a_1 R b_1$，故要求 aRa_2 与 $b_1 R b_2$ 等价，即

$aRa_2 \cong b_1Rb_2$，则必有 $aRb \neq a_1Rb_1$。

（16）同余关系。设 $A \neq \varnothing$，A 中具有二元运算"。"及等价关系 R。若 R 与"。"满足

$$a_1Rb_1, a_2Rb_2 \Rightarrow (a_1 \circ a_2)R(b_1 \circ b_2)$$

则称 R 为 A 上关于"。"的同余关系。

2.1.2　群

在了解群之前先来看一种与群有密切关系，但比群应用范围更广泛的代数系统——半群。

（1）半群。设 S 是一个非空集合，"。"是 S 中的一个代数运算。若 S 在"。"运算下满足以下条件，则称集合 S 是一个半群，记为 $(S, \circ)$。

（i）封闭性。对于任意的 $a, b \in S$，有 $a \circ b \in S$。

（ii）可结合性。对于任意的 $a, b, c \in S$，有 $(a \circ b) \circ c = a \circ (b \circ c)$。

（2）幺半群。若半群 S 中有元素 e_1 使 $e_1a = a$，则称 e_1 为 S 的左幺元或左单位元；若半群 S 中有元素 e_2 使 $ae_2 = a$，则称 e_2 为 S 的右幺元或右单位元。当 e 既是 S 的左单位元又是 S 的右单位元时，称 e 为半群 S 的幺元或单位元，同时将具有幺元的半群称为幺半群。

设 $\{S, \circ\}$ 是半群，e 为幺元，$a \in S$。若 $a_1 \in S$，使 $a_1a = e$，则称其为 a 的左逆元；若 $a_2 \in S$，使 $aa_2 = e$，则称其为 a 的右逆元。若 b 既是 a 的左逆元又是 a 的右逆元，则称 b 为 a 的逆元，记作 $a^{-1} = b$，并称 a 为可逆元。

对半群的逆元和单位元有如下命题。

命题 2.1　幺半群中的幺元是唯一的。

证明　设 e, e_1 是半群 S 的幺元，则 $e = e_1e = e_1$，结论成立。

命题 2.2　幺半群中的逆元是唯一的。

证明　设 $a \in S$，a_1, a_2 均是 a 的逆元，则

$$(a_1a)a_2 = ea_2 = a_2, \quad a_1(aa_2) = a_1e = a_1$$

将 (a_1a) 与 (aa_2) 视为幺元，再由群的结合律可知 $a_1 = a_2$，得证。

在半群概念的基础上对群进行如下定义。

（3）群。若半群 $\{G, \circ\}$ 还具有以下性质，则称 G 关于运算"$\circ$"构成群。

（i）存在单位元 $e \in G$，对任意的 $x \in G$ 有 $ex = xe = x$。

（ii）对于每一个 $x \in G$，都存在一个逆元 $a \in G$ 使得 $ax = xa = e$。

显然幺半群 $\{G, \circ\}$ 中，若每一个元素都是可逆元，则 G 是一个群。若"$\circ$"运算还满足交换律，则称 G 是交换群或 Abel 群。

在上面的定义中，把集合视为具有上述结构的代数体系，但从另一个角度，也可以从朴素的对称概念得出群的定义。可以说"对称即群"，如正方形具有对称性，可以看成在某些"旋转"和某些"反射"下，正方形的整体保持不变；而使所有正方形保持不变的"平面变换"，对于变换的乘法就构成一个群。

再来看物理的刚体运动，将所有的刚体运动看作欧几里得空间的一种对称性（关于转动点的），再将具有此性质的所有运动放在一起构成一个刚体运动群。将空间中的刚体运动看作保持两点之间距离的线性变换，于是所有刚体运动的集合对线性变换的乘法就构成了一个群。

其实，"对称即群"的研究对象不仅涉及几何中的对称性，而且涉及代数中的对称性。设 V/P 是 P 上的线性空间，将 V 中所有可逆线性变换放在一个集合 G 中，则 G 构成一个群，这便是线性空间上某种对称性构成的群。

设 G 为整数集。试问 G 对运算 $a \circ b = a + b + 4$ 是否构成群?

因为对任意整数 a, b，显然 $a + b + 4$ 是由 a 与 b 唯一确定的整数，故所给出的运算是 G 的一个代数运算，有

$$
\begin{aligned}
(a \circ b) \circ c &= (a + b + 4) \circ c \\
&= (a + b + 4) + c + 4 \\
&= a + b + c + 8
\end{aligned}
$$

同理有 $a \circ (b \circ c) = a + b + c + 8$，满足结合律。

因为对任意整数 a 均有

$$(-8 - a) \circ a = -8 - a + a + 4 = -4$$

则 $-8 - a$ 是 a 的左逆元。最后由于

$$(-4) \circ a = -4 + a + 4 = a$$

故 -4 是 a 的左单位元。因此整数集对该代数运算构成一个群。

以上介绍了如何判断一个体系是不是群，下面再给出几个群的例子，请读者自行验证。

（i）整数集 $\mathbf{Z}$、有理数集 $\mathbf{Q}$、实数集 $\mathbf{R}$、复数集 $\mathbf{C}$，对于数的加法运算都构成群。

（ii）数域上全体 n 阶满秩方阵对矩阵的普通乘法（或 F 上 n 维线性空间的全体满秩线性变换对线性变换的乘法）构成群，将其称为 F 上的一般线性群或 F 上的 n 阶线性群，用 $\mathrm{GLn}(F)$ 表示。

（iii）$\{1,-1\}$ 对于数的乘法构成群。

至此可以看出，群是一个带有某种运算的集合，对于这些运算一般还满足某些条件，为了便于标记，下面将 $a \circ b$ 记为 ab。显然，群 G 的运算满足左、右消去律，并且群 G 中任意元素 a 的逆元是唯一的。

设 G 为群，n 为正整数，对任意 $a \in G$，规定

$$a^n = \overbrace{aa \cdots a}^{n \uparrow}$$
$$a^{-n} = (a^{-1})^n, \ a^0 = e$$

因此，对任意整数 m,n，有 $a^m a^n = a^{m+n}, (a^m)^n = a^{mn}$。

设 G 为加法群，n 为正整数群，对任意 $a \in G$，规定

$$na = \overbrace{a + a + a + \cdots + a}^{n \uparrow}$$
$$(-n)a = n(-a), \ 0a = 0$$

下面讨论群中元素的个数，即群的阶。

（4）群的阶。设 G 为群，G 的阶是指 G 中元素的个数，记为 $|g|$。当 $|g| < \infty$ 时，$|g|$ 的个数有限，称其为有限群，否则称其为无限群。

根据群的阶的定义，可以迅速地判断一个已知群的阶，但是若想判断未知群的阶就很困难，为此给出群的阶的另一种定义。

设 G 为群，运算记为乘法（或加法），a 是 G 中的元素。若 $\forall k \in N$，有 $a^k \neq e(ka \neq 0)$，则称元素 a 的阶为无穷。若 $\exists k \in N$，使 $a^k = e(ka = 0)$，称 $\min k\{k \in N \mid a^k = e(ka = 0)\}$ 为 a 的阶。

由此可知，任一乘法群 G 中，幺元的阶为 1。G 中任意元 a 与其逆元 a^{-1} 有相同的阶，下面通过命题 2.3 对群中元素的阶进行刻画。

命题 2.3　设 G 为群，$a \in G$，则 a 的阶是无穷 $\Leftrightarrow \forall m \neq n$，$m,n \in Z$，有 $a^m \neq a^n$。

证明　$\Rightarrow$ 若 a 的阶为无穷，基于反证法，假设 $\exists m \neq n$ 使 $a^m = a^n, m > 0$，则 $a^{m-n} = e$，这与题设 a 的阶是无穷的相矛盾，故 $\forall m \neq n$，$a^m \neq a^n$。

$\Leftarrow$ 若 $\forall m \neq n$，$a^m \neq a^n$，则 $\forall m \in N$，$a^m \neq a^0 = e$，由定义可知 a 的阶是无穷的。

命题 2.4 设 G 为群，$a \in G$，a 的阶为 d，则

$$a^k = e \Leftrightarrow d | k \ (d \text{整除} k)$$

$$a^k = a^h \Leftrightarrow d | h - k$$

证明 （i）$\Leftarrow$ 设 $k = qd$，则 $a^k = a^{qd} = (a^d)^q = e^q = e$。

$\Rightarrow$ 反设 d 不整除 h，则由带余除法得 $h = qd + r$，$0 < r < d$ 及 $a^{(qd+r)} = (a^d)^q a^r = e$，故 $a^r = e$，而 $0 < r < d$，与 a 的阶为 d 相矛盾。

（ii）因 $a^m = a^n$，故 $a^{m-n} = e$，得证。

命题 2.5 设 G 为群，$a \in G$，a 的阶为 d。若 $k \in N$，则 a^k 的阶为 $d/(d,k)$，其中 (d,k) 为 d 和 k 的最大公因数，则 a^k 的阶为 $d \Leftrightarrow (d,k) = 1$。

证明 记 a^k 的阶为 q，下证 $q = d/(d,k)$。设 $d = (d,k)d_1$，$k = (d,k)k_1$，则 $(d_1, k_1) = 1$。依据两个自然数若互相整除则其相等来证 $q = d_1$，从而完成证明。因 a^k 的阶为 q，故 $(a^k)^q = e$，由命题 2.4 知 $d | kq$。又因 $(d_1, k_1) = 1$，故 $d_1 | q$，则 $q = d_1$。

命题 2.6 设 a, b 是群 G 中的元素，a 的阶为 m，b 的阶为 n，$ab = ba$，$(m,n) = 1$，则 ab 的阶为 mn。

证明 记 ab 的阶为 q，下证 $q = mn$。因 $ab = ba$，故

$$(ab)^{mn} = a^{mn}b^{mn} = (a^m)^n (b^n)^m = e^n e^m = e$$

则 $q | mn$。又 $(ab)^{qm} = a^{qm}b^{qm} = (a^m)^q (b^q)^m = b^{qm}$。而 $(ab)^{qm} = ((ab)^q)^m = e^m = e$，于是 $b^{qm} = e$，则 $n | qm$。又因 $(m,n) = 1$，故 $n | q$，同理 $m | q$，进而 $q = mn$。

2.1.3 子群

$\{1, -1\}$ 对数的乘法构成群，如表 2-2 所示。易知当群表关于对角线对称时，该群是交换群。

表 2-2 乘法运算

元素	运算结果	
	1	−1
1	1	−1
−1	−1	1

子群是群论中的一个基本概念，群论的全部内容都在不同程度上和子群有联系。特别地，有时要根据子群的各种特征来对群进行分类，即根据子群来研究群。

（1）子群。设 H 是群 G 的一个非空子集。若 H 对于 G 的运算也构成群，则称 H 为 G 的一个子群，记作 $H < G$。

正有理数乘群是非零有理数乘群的一个子群，正实数乘群又是非零实数乘群的子群。

设 V 是数域 P 上的 n 维线性空间，S_V 是 V 上的全体可逆变换，易证 S_V 关于映射的乘法运算构成群。以 GL(V) 表示 V 上全体可逆变换的集合。以 SL(V) 表示 V 上全体行列式为 1 的线性变换的集合，易知 $\text{GL}(V) < S_V, \text{SL}(V) < S_V, \text{SL}(V) < \text{GL}(V)$，这里称 GL($V$) 为 V 的一般线性群，称 SL(V) 为 V 的特殊线性群。

设 $m \in Z$，则 $mZ = \{mn | n \in Z\}$ 是整数加法群的子群。

显然，子群的运算一定要遵循群的运算。对于上述集合是否构成子群目前只能根据定义一个一个地判断，下面给出一些判断子群的定理。

为方便起见，以下将群记为 G，将其子群记为 H，显然 G 的幺元 e 也满足 $e \in H$（即二者具有相同的幺元）。

定理 2.1　设 H 是 G 的非空子集，则下列关系式等价。

（i）$H < G$。

（ii）$a, b \in H \Rightarrow ab \in H$，$a^{-1} \in H$。

（iii）$a, b \in H \Rightarrow ab^{-1} \in H$。

证明

（i）$\Rightarrow$（ii）因 H 是群，故对运算封闭，从而 H 中任一元素 a 的逆元也在 H 中。又因为 H 是 G 的子群，两者的运算一致，故 a 在 H 与 G 中的运算一致，则结论成立。

（ii）$\Rightarrow$（iii）据（ii）知 $b \in H \Rightarrow b^{-1} \in H$，又有 $a, b^{-1} \in H \Rightarrow ab^{-1} \in H$，故（iii）成立。

（iii）$\Rightarrow$（i）已知 H 是 G 的一个非空子集，可依据（iii）按群的定义证明 $H < G$（即验证 H 对于运算 G 构成群）。

对于该定理还可以再进一步特殊化，为其附加一个强的条件——H 为有限群。

定理 2.2　设 H 为 G 的非空有限子集，则 $H < G \Leftrightarrow H$ 对运算封闭。

证明　$H < G$ 显然 H 对运算封闭。H 封闭，则结合律成立，于是由 H 为有限半群可知，消去律成立。

由上述定理给出子群的性质。

设 H_1, H_2 均是 G 的子群，则 $H_1 \bigcap H_2 < G$。

下面给出陪集的概念。

（2）陪集。设 H 为 G 的一个子群，$a \in G$，则

$$aH = \{ah \mid H \in h\}, \quad Ha = \{ha \mid h \in H\}$$

分别称为以 a 为代表的 H 的左陪集、右陪集，由于左、右陪集是相似的，为此只讨论其中之一。

定理 2.3 设群 G，$H < G$。若关系 R 满足

$$aRb \Leftrightarrow a^{-1}b \in H$$

则 R 构成 G 的一个分类。

证明 易验证 R 满足自反性、传递性、对称性，则 R 是一个等价关系。

再证明 $\forall a \in G, \bar{a} = aH, \forall b \in \bar{a}$，有 aRb，故 $a^{-1}b \in H$，即有 $h \in H$，使 $a^{-1}b = h$，故 $a \subseteq aH$。又 $\forall b \in aH$，故 $a^{-1}b = h$，即 $b \in \bar{a}$，故 $aH \subseteq \bar{a}$，于是 $\bar{a} = aH$。

上述等价关系决定 G 的一个分类，每一个类就是该等价关系下的一个等价类 $\bar{a}$，现 $\bar{a} = aH$，故 $\{aH\}$ 是 G 的一个分类。

推论 2.1 设 $H < G, a, b \in G$，则 $aH = bH \Leftrightarrow a^{-1}b \in H$。

设 H 为 G 的子群，则 G 关于等价关系 $aRb \Leftrightarrow a^{-1}b \in H$ 的商集 G/R 称为 G 对 H 的左商集，也称为 G 对 H 的左陪集，记为 G/H。

对于加法群，其实只需要将运算符改为 "$+$" 即可。设 $H < G$，则 G/H 的基数 $|G/H|$ 称为 H 在 G 中的指数，记为 $[G:H]$。在指数和群的阶之间，存在着如下重要的关系。

定理 2.4（Lagrange 定理） 设 G 是有限群，$H < G$，则

$$|G| = [G:H] \cdot |H|$$

从而 H 的阶是 G 的阶的因子。

证明 首先，H 的任一左陪集 aH 中的元素个数都等于 H 中的元素个数 $|H|$。事实上，$\varphi : h \to ah, \forall h \in H$ 是 H 到 aH 的双射。其次，根据定理 2.2，G 可表示为 H 全体不相交的左陪集的并集。最后，根据定义可知，这些左陪集的个数为 $[G:H]$，从而 G 中有 $[G:H] \cdot |H|$ 个元素，即 $|G| = [G:H] \cdot |H|$。

推论 2.2 设 G 是有限群，$K < G, H < K$，则 $[G:H] = [G:K][K:H]$。

根据左、右陪集的概念可知，若群 G 的某个子群 H 具有 $aH = Ha$ 的性质，则将产生许多良好的性质，并可由此导出商群的概念，这里将其称为正规子群。为了

便于检验其子群是否为正规子群，有如下定义。

（3）正规子群。设 H 是 G 的子群。若 H 满足

$$ghg^{-1} \in H, \quad \forall g \in G, \forall h \in H$$

则称 H 为 G 的一个正规子群，记为 $H \triangleleft G$。

定理 2.5 设 G 为群，$H < G$，则下列关系式等价。

（i）$H \triangleleft G$。

（ii）$gH = Hg, \ \forall g \in G$。

（iii）$g_1 H \cdot g_2 H = g_1 g_2 H, \ \forall g_1, g_2 \in G$。

这里 $g_1 H \cdot g_2 H = \{g_1 h_1 g_2 h_2 \mid h_1, h_2 \in H\}$。

证明 （i）$\Rightarrow$（ii）因 G 是正规子群，故 $gh = (ghg^{-1})g \in Hg, hg = g(g^{-1}hg) \in gH$，进而 $gH = Hg$。

（ii）$\Rightarrow$（iii）$\forall g_1, g_2 \in G$，考虑 $g_1 H \cdot g_2 H$ 中任一元素 $g_1 h_1 g_2 h_2$，其中 $h_1, h_2 \in H$。由（ii）知

$$h_1 g_2 \in H g_2 = g_2 H$$

故有 $h_3 \in H$ 使 $h_1 g_2 = g_2 h_3 = g_1 g_2 h_3 h_2 \in g_1 g_2 H$，从而 $g_1 H \cdot g_2 H \in g_1 g_2 H$。

又 $g_1 g_2 H$ 的任一元素 $g_1 g_2 h = g_1 e g_2 h \in g_1 H \cdot g_2 H$，从而 $g_1 g_2 H \subseteq g_1 H \cdot g_2 H$，故结论成立。

（iii）$\Rightarrow$（i）已知 $H < G$，现 $\forall g \in G, \forall h \in H$。由（iii）可得

$$ghg^{-1} \in gHg^{-1}H = gg^{-1}H = H$$

由定义可知其是正规子群。

定理 2.6 设 G 是群，$H < G$，R 是 G 中由 $aRb \Leftrightarrow a^{-1}b \in H$ 定义的关系，则 R 是 G 中的同余关系 $\Leftrightarrow H \triangleleft G$。此时商集 G / H 对同余关系 R 导出的运算也构成一个群，称其为 G 对 H 的正规子群，记为 G / H。

证明 $\Leftarrow$ 易知 R 是 G 中的一个等价关系。现设 $a_1 R b_1, a_2 R b_2$，证 $a_1 a_2 R b_1 b_2$，即要证 $(a_1 a_2)^{-1}(b_1 b_2) \in H$。因

$$(a_1 a_2)^{-1}(b_1 b_2) = a_2^{-1}(a_1^{-1} b_1) a_2 a_2^{-1} b_2$$

而 $a_1^{-1}b_1 \in H, a_2^{-1}b_2 \in H$。由 $H \triangleleft G$ 可知，$(a_1 a_2)^{-1}(b_1 b_2) \in H$。再由定义可知，$R$ 是 G 中的同余关系。

$\Rightarrow$ 因为 $g^{-1}(gh) = h \in H \Leftrightarrow gR(gh)$，又有 $g^{-1}Rg^{-1}$，再根据 R 是 G 中的同余关系可知，$gg^{-1}R(gh)g^{-1} \Leftrightarrow ghg^{-1} \in H$。

下面可以从另一个角度对正规子群进行定义。

（i）由于平凡子群都是正规子群，故有正规子群 G/e 和 G/G，事实上 G/e 的结构与 G 是一样的，而 G/G 中只有一个元素 e。

（ii）由于整数加法群 $\{Z,+\}$ 是交换群，故其任一子群 mZ 是 Z 的正规子群。因此有商集 Z/mZ，即

$$Z/mZ = \left\{ \overline{0}, \overline{1}, \cdots, \overline{(m-1)} \right\}$$

注意到 Z 中的运算是加法，则正规子群中的运算仍记为加法，于是 $\overline{r_1} + \overline{r_2} = \overline{r}$，其中 r 满足 $r_1 + r_2 = qm + r, 0 \leqslant r \leqslant m$。通常将这个群简记为 Z_m，并称其为模 m 的剩余类加法群。

定理 2.7 群 G 的正规子群 N 的全体陪集对于陪集的乘法构成一个群，称为 G 关于 N 的正规子群，记为 G/N。

更细致地说，在 G/N，而 N 是 G 正规子群的时候，这个群结构形成一种自然"重新分组"，它们是 N 在 G 中的陪集。

2.1.4 群的同态与同构

对于抽象代数的研究是针对具有代数运算的集合，为此很少考虑一般的映射，主要考察与代数运算产生联系的映射，同时厘清各个代数体系在同构意义下的分类。

群的同态是指集合 M 与 $\overline{M}$ 各有代数运算"$\circ$"及"$\overline{\circ}$"，且 φ 是 M 到 $\overline{M}$ 的一个映射。若 φ 保持运算，即对 M 中任意元素 a,b 在 φ 之下满足

$$a \to \overline{a} , \quad h \to \overline{h}$$

总可得

$$a \circ b \to \overline{a} \circ \overline{b}$$

亦即 $\overline{a \circ b} = \overline{a} \circ \overline{b}$ 或 $\varphi(a \circ b) = \varphi(a) \circ \varphi(b)$，则称 φ 为 M 到 $\overline{M}$ 的一个同态映射，简称同态，记为 $M \sim \overline{M}$。

若 φ 还是满射，则称其为同态满射，简称为满同态。若其为双射（即单又满），则称其为同构映射，简称为同构，记为 $M \cong \overline{M}$。同时将 M 到自身的同态（同构）映射称为自然同态（自然同构）。

设 G 是一个群，$H \lhd G$。记 π 是 G 到 G/H 的映射：$\pi(g) = gh$，$\forall g \in G$，则 π 是满同态，并称 π 为 G 到 G/H 的自然同态。

至此对于同态的判断还比较依赖定义，下面给出同态的一些定理。

定理 2.8 设 $f: G_1 \to G_2$，$g: G_1 \to G_3$ 为群同态，则 $gf: G_1 \to G_3$ 为同态。若 g, f 为单（满）同态，则 gf 也为单（满）同态。

定理 2.9 设 $f: G_1 \to G_2$ 为群同态，则 $f(e_1) = e_2$，$f(a^{-1}) = f(a)^{-1}$（e_1 为 G_1 的幺元，e_2 为 G_2 的幺元）。

定理 2.10 设 $f: G_1 \to G_2$ 为群同态，$H < G_1$，则 $f(H)$ 是 G_2 的子群，$f(G_1) < (G_2)$。

设 $f: G_1 \to G_2$ 为群同态，则 G_2 幺元 e_2 的完全原像 $\{a \in G_1 | f(a) = e\}$ 称为同态映射 f 的核，记作 $\ker f$。

定理 2.11 设 $f: G_1 \to G_2$ 为群同态，则 $\ker f \lhd G$。

定理 2.12 设 $f: G_1 \to G_2$ 为群同态，则 f 是单同态 $\Leftrightarrow \ker f = \{e_1\}$，其中 e_1 为 G_1 的幺元。

定理 2.13 （群同态基本定理）设 f 是群 G_1 到群 G_2 的同态满射，则 $G_1 / \ker f \cong G_2$。

推论 2.3 设 G 为一个群，f 是 G 到另一个群的同态映射，则 G 的同态像同构于 G 的正规子群 $G/\ker f$；反之，G 的任一正规子群都可视为 G 的同态像。

定理 2.14 设 f 是群 G_1 到群 G_2 的满同态，$N = \ker f$，则 f 建立了 G_1 中包含 N 的子群与 G_2 的子群间的双射。

上述双射把一个正规子群对应到另一个正规子群。若 $H \lhd G_1$，$N \subseteq H$，则 $G_1/H \cong (G_1/N)(H/N)$。

定理 2.15 设 G 是群，$N \lhd G$，π 是 G 到 G/N 的自然同态，$H < G$，则 NH 是 G 中包含 N 的子群且 $NH = \pi^{-1}(\pi(H))$，即 NH 是 H 在 π 映射下的像集合 $\pi(H)$ 的完全原像 $\pi^{-1}(\pi(H))$。

$$(H \bigcap N) \lhd H,\ \ker\left(\pi|_H\right) = H \bigcap NH$$

$$N/N \cong H/(H \bigcap N)$$

这里略去了定理的证明，请读者参考有关书籍自行验证。下面将用一些通俗的例子对群同态（构）进行描述。

设 $A = \{1,2,3,4,5\}$，在其上定义运算"+"。设 $B = \{一,二,三,四,五\}$，在其上定义运算"加法"，则可以认为 A 与 B 是同一个群。因为"加法"运算和"+"运算相同，"1"（A 中的元素）与"一"（B 中的元素）相同。从数学的角度来考虑，"1"与"一"的关系其实就是映射关系。这里的"1"与"一"相等其实就是一个恒等映射，因此称这两个群同构。

同构就是换个名字，其本质不变，同构的两个群其实就是同一个群，只不过表示群元素的方式不同，两个群只有结构不同时才是两个不同的群，结构一样时实际上就是一个群，这就是称其为同构的原因。接下来再看几个通俗的例子。

对于二进制数和十进制数，定义一个从自身到自身的映射，并保持它的加法运算，即在十进制下怎么加就在二进制下怎么加，同时每一个元素都是一一对应的。

按照定义可知，二进制与十进制同构，事实上二进制与十进制都是运算方法。直观上，二者看起来却完全不同，为什么都是运算方法？这时同构就起到了作用，保留一个集合（或对象）中最重要的信息，而将其他不重要的信息舍去，再将重要信息汇集到一个集合中（即放到一起），这一运算方法非常重要且应用广泛。

例如，两个向量相等 $\Leftrightarrow$ 其长度相等、方向相同，由于其长度、方向为重要性质，而忽略了其在空间中的位置，类似的还有全等三角形等。

对于两个代数体系而言，如果这两个代数体系的结构完全一致，那么这两个代数体系的联系就用"同构"进行刻画。同构是两个代数体系之间最精细的刻画，一般情况下，同构映射很难找到，于是我们退而求其次，提出一个比同构弱一些的要求——同态。就是说，不要求这个映射是双射，那此时这两个代数体系满足关系：$G / \mathrm{ker} f \cong H$，即 G 对同态核的正规子群与 H 是同态的。

2.1.5　特殊的群

在一个代数系统中，定义了一个运算，若其满足结合律、有幺元、有逆元，则其构成一个群。但对于构成的群，有些群还会具有一些特殊的性质，如生成系、循环群、置换群等。

（1）生成系。称 $\langle M \rangle$ 为群 G 中由子集 M 生成的子群，并把 M 叫作该子群的生成系，集合 M 中的元素可以是无限或有限个。当 $M = a_1, a_2, \cdots, a_n$ 时，简记为 $\langle M \rangle$。

特别地，当 $M = a$ 时，则记为 $\langle M \rangle = \langle a \rangle$ 。

（2）循环群。若群 G 由一个元素 a 生成，即 $G = \langle a \rangle$ ，则称 G 为由 a 生成的一个循环群，并称 a 为 G 的一个生成元。于是 $\langle a \rangle$ 是由一切形如 a^k （ k 是任意整数）的元素构成的群，即 $\langle a \rangle = \{\cdots, a^{-3}, a^{-2}, a^{-1}, a^0, a^1, a^2, a^3, \cdots\}$ 。

易知循环群必为交换群。若群的代数运算用加号表示，则指数应变成倍数，从而由 a 生成的循环群应表示为

$$\langle a \rangle = \{\cdots, -3a, -2a, -a, 0, a, 2a, 3a, \cdots\}$$

整数加法群 Z 是无限循环群。

事实上， $1 \in Z$ ，则对任意整数 n 有 $n = n \cdot 1$ ，故 $Z = \langle 1 \rangle$ 是一个无限循环群，1 是它的一个生成元，且易知 -1 也是它的一个生成元。

定理 2.16　设 $G = \langle a \rangle$ 为任一循环群，则

当 $|a| \rightarrow \infty$ 时， $G = \langle a \rangle = \{\cdots, a^{-3}, a^{-2}, a^{-1}, e, a, a^2, \cdots\}$ 为无限循环群，且与整数加法群 Z 同构；

当 $|a| = n$ 时， $G = \langle a \rangle = \{e, a, a^2, \cdots, a^{n-1}\}$ 为 n 阶循环群，且与 n 次单位根群 U_n 同构。

证明　设 $|a| \rightarrow \infty$ ，并令 $\varphi : a^m \rightarrow m$ 。

若 $a^s = a^t$ ，则 $a^{s-t} = e$ ，但 $|a| \rightarrow \infty$ ，故必有 $s = t$ 。因此， φ 是 $G = \langle a \rangle$ 到 Z 的一个映射，且显然是双射。又因为在 φ 下有 $a^s \cdot a^t = a^{s+t} \rightarrow s + t$ ，故 φ 为无限循环群 G 到整数加法群 Z 同构，则结论成立。

当 $|a| = n$ 时，显然 $e, a, a^2, \cdots, a^{n-1}$ 互异。对任意整数 m ，设 $m = nq + r$ ，则 $a^m = (a^n)^q \cdot a^r = ea^r = a^r \in \{e, a, a^2, \cdots, a^{(n-1)}\}$ ，那么 $G = \langle a \rangle = \{e, a, a^2, \cdots, a^{n-1}\}$ 是 n 阶循环群且易知 $\varphi : a^m \rightarrow \varepsilon^m$ （ ε 为 n 次单位根），结论成立。

推论 2.4　n 阶群 G 是循环群 $\Leftrightarrow G$ 有 n 阶元素。

由此推论可知， n 阶循环群的一个元素是不是生成元，就看这个元素的阶是不是 n 。

定理 2.17　无限循环群 $\langle a \rangle$ 有两个生成元，即 a 与 a^{-1} ；n 阶循环群有 $\varphi(n)$ 个生成元，其中 $\varphi(n)$ 为欧拉函数。

证明　当 $|a| \rightarrow \infty$ 时，结论显然成立；

当 $|a| = n$ 时，元素 a^k 是 $\langle a \rangle$ 的生成元 $\Leftrightarrow a^k$ 的阶也是 n ，从而 $\langle a \rangle$ 有 $\varphi(n)$ 个生成元。

定理 2.18　循环群的子群仍为循环群。

定理 2.19 无限循环群 G 有无限个子群，当 $G = \langle a \rangle$ 为 n 阶循环群，对 n 的每个正因数 k，G 有且仅有一个 k 阶子群，为 $\langle a^{\frac{n}{k}} \rangle$。

推论 2.5 n 阶循环群有且仅有 $T(n)$ 个子群。

其实循环群就是由一个元素不断对自己做运算所构成的群。

变换群由于其与任何群都具有密切联系，从而具有广泛意义，现对其进行深入讨论。

设 M 是一个非空集合，则由 M 的一些关于变换的乘法构成的群，称为 M 的一个变换群。由 M 的若干个双射变换的乘法构成的群，称为 M 的一个双射变换群；由 M 的若干个非双射变换的乘法构成的群，称为 M 的一个非双射变换群。当然 M 的双射变换群与非双射变换群都是 M 的变换群。

定理 2.20 设 M 是任一非空集合，$S(M)$ 为由 M 的全体双射变换构成的集合，则 $S(M)$ 关于变换的乘法构成一个群。

证明 易知变换乘法是 $S(M)$ 的代数运算且满足结合律，恒等变换为其单位元，且双射变换的逆也是双射变换，则结论成立。

设集合 M 的双射变换群 $S(M)$ 为 M 上的对称群。当 $|M| = n$ 时，其上的对称群用 S_n 表示，并称为 n 元对称群。

定理 2.21 设 G 是集合 M 的一个变换群，则 G 是双射变换群 $\Leftrightarrow G$ 是含 M 的单（满）射变换。

证明 必要性显然成立，以下证明充分性。

设 G 是含 M 的单射变换 σ，以下证明 G 中每个元素都是 M 的双射变换。

先证 G 的单位元必是 M 的恒等变换。设 ε 是变换群 G 的单位元，于是 $\sigma\varepsilon = \sigma$，从而 $\forall x \in M$，$\sigma(\varepsilon(x)) = \sigma\varepsilon(x) = \sigma(x)$。但 σ 是 M 的单射变换，故必有 $\varepsilon(x) = x$，即 ε 是 M 的恒等变换。

再证变换群 G 中元素都是 M 的双射变换。在 G 中任取元素 τ，其逆用 τ^{-1} 表示，它是 M 的一个变换且

$$\tau\tau^{-1} = \tau^{-1}\tau = \varepsilon$$

由此可得，若 $\tau(x) = \tau(y)$，则必有 $\tau^{-1}\tau(x) = \tau^{-1}\tau(y)$，从而 $\varepsilon(x) = \varepsilon(y)$，故其是单射变换。又由于 M 中的任意元素在 τ 下都有逆像，故其为满射变换，则 G 是 M 的一个双射变换群。当 G 是含 M 的满射变换时，证明过程类似。

推论 2.6　设 G 是集合 M 的一个变换群，则 G 是双射变换群 $\Leftrightarrow$ G 包含恒等变换。

定理 2.22　任何群都和一个（双射）变换群同构。

证明　设 G 是任意一个给定的群。$\forall a \in G$，并令 $\tau_a : x \to ax(\forall x \in G)$。

易知 τ_a 是一个双射变换。现令 $\overline{G} = \{\tau_a | a \in G\}$，则

$$\tau_a \tau_b(x) = \tau_a(bx) = a(bx) = (ab)x = \tau_{ab}(x)$$

故 $\overline{G} \leqslant S(G)$，即其是一个双射变换群。

又显然 $\varphi(ab) = \varphi(a)\varphi(b)$，则其同构结论成立。

推论 2.7　任何 n 阶有限群都和 n 元对称群 S_n 的一个子群同构。

变换群，特别是 n 元对称群，是一种相对具体的群。以上定理及推论表明，任何一个抽象群都可以找到一个具体的群同构。但是在实践中发现研究这种具体的群并不比研究抽象的群简单。

（3）置换群。n 元对称群 S_n 的任意一个子群，都叫作一个 n 元置换群，简称为置换群。

对于群论的研究最早就是从置换群开始的，伽罗华利用这种群解决了代数方程是否可用根式求解问题。同时，置换群也是一类重要的交换群。一个置换群 s 若把数码 i_1 变成 i_2, i_2 变成 $i_3, \cdots, i_{k-1}$ 变成 i_k，又把 i_k 变成 i_1，但别的数码（如果还有的话）都不变，则称 s 是一个 k- 轮换（循环）置换，简称 k- 轮换（循环）或轮换（循环），表示为

$$s = (i_1 i_2 \cdots i_k) = (i_2 i_3 \cdots i_k i_1) = \cdots = (i_k i_1 \cdots i_{k-1})$$

例如，$\begin{pmatrix} 1 & 2 & 3 \\ 3 & 1 & 2 \end{pmatrix} = (132) = (321) = (213)$，$\begin{pmatrix} 1 & 2 & 3 \\ 3 & 2 & 1 \end{pmatrix} = (13) = (31)$。

为了方便起见，把恒等置换叫作 1-轮换，记为 $(1) = (2) = \cdots = (n)$。2-轮换简称为对换，无公共数码的轮换称为不相连轮换。

定理 2.23　不相连轮换相乘时可以交换。

证明　设 $s = (i_1 i_2 \cdots i_k)$ 与 $t = (j_1 j_2 \cdots j_s)$ 为两个不相连的轮换，则由交换的乘法可知，乘积 ts 与 st 都是集合 $\{1, 2, \cdots, n\}$。

$$i_1 \to i_2, i_2 \to i_3, \cdots, i_{k-1} \to i_k, i_k \to i_1$$
$$j_1 \to j_2, j_2 \to j_3, \cdots, j_{k-1} \to j_k, j_k \to j_1$$

定理 2.24　每个（非轮换）置换都可表示为不相连的轮换之积；每个轮换都

可表示为对换之积，因此每个置换都可以表示为对换之积。

证明 任何一个置换都可以把构成一个轮换的所有数码按自然顺序紧靠在一起，如

$$\begin{pmatrix} 1 & 2 & 3 & 4 & 5 & 6 & 7 \\ 3 & 5 & 6 & 4 & 2 & 1 & 7 \end{pmatrix} = \begin{pmatrix} 1 & 3 & 6 & 2 & 5 & 4 & 7 \\ 3 & 6 & 1 & 5 & 2 & 4 & 7 \end{pmatrix} = (136)(25)$$

由置换乘法可知：$(1) = (12)(12)$，又 $(i_1 i_2 \cdots i_k) = (i_1 i_k)(i_1 i_{k-1}) \cdots (i_1 i_3)(i_1 i_2)$，从而定理得证。

S_3 的 6 个置换用轮换表示出来就是

$$(1), (12), (13), (23), (123), (132)$$

定理 2.25 每个置换表示成对换的乘积时，其对换个数的奇偶性不变。

由定理知 s 是奇（偶）置换，当且仅当 $s_1 s_2 \cdots s_n$ 是奇（偶）排列，即其反序函数是奇（偶）函数。

一个置换若能分解成奇数个对换的乘积，则称为奇置换；否则称为偶置换。特别地，恒等置换是偶置换。由于任何奇置换乘一个对换后变为偶置换，而偶置换乘一个对换后变为奇置换，故 $n!$ 个 n 元置换中奇、偶置换各半，各 $n!/2$ 个。由于恒等置换是偶置换，又因任两个偶置换之积仍为偶置换，因此，S_n 中全体偶置换构成一个 $n!/2$ 阶的子群，记为 A_n，称为 n 元交代（交错）群。n 元对称群 S_n 中的奇、偶置换各占一半，而交代群 A_n 中的置换全为偶置换。更一般地，其实任何置换群中的置换在奇偶性上均有此特征。

$K_4 = \{(1), (12)(34), (13)(24), (14)(23)\}$ 作为交代群 A_4 的一个交换子群。这个群（及其同构的群）称为 Klein 四元群。

定理 2.26 k-轮换的阶为 k，不相连轮换乘积的阶为各因子的阶的最小公倍数。

证明 由定理直接验算知，当 $1 \leqslant m \leqslant k$ 时，有

$$(i_1 i_2 \cdots i_k)^m \neq (1), (i_1 i_2 \cdots i_k)^k = (1)$$

故 $(i_1 i_2 \cdots i_k)$ 的阶为 k。

设 $\sigma_1, \sigma_2, \cdots, \sigma_s$ 分别是阶为 $k_1, k_2, \cdots, k_s$ 的不相连轮换且

$$t = [k_1, k_2, \cdots, k_s]$$

则由于 $k_i \mid t$，故 $\sigma_i^t = (1)$。又因为不相连轮换相乘时可以交换，故

$$(\sigma_1 \sigma_2 \cdots \sigma_s)^t = \sigma_1^t \sigma_2^t \cdots \sigma_2^t = (1)$$

同样有 $(\sigma_1\sigma_2\cdots\sigma_s)^r = (1)$ 。

这只有 $\sigma_i^r = (1)$ ， $i = 1,2,\cdots,s$ 。否则，由于 $\sigma_1^r,\sigma_2^r,\cdots,\sigma_s^r$ 是不相连轮换，不相连轮换之积不能是(1)。但 σ_i 的阶是 k ，故 $k_i | r, i = 1,2,\cdots,s$ ，从而 $t|r$ ，即 $\sigma_1\sigma_2\cdots\sigma_s$ 的阶是 $t = [k_1,k_2,\cdots,k_s]$ 。

例如， $\begin{pmatrix} 1 & 2 & 3 & 4 & 5 & 6 \\ 2 & 1 & 4 & 5 & 6 & 3 \end{pmatrix} = (12)(3456)$ 的阶是 4。

定理 2.27　设有 n 元置换 $\tau = \begin{pmatrix} 1 & 2 & \cdots & n \\ i_1 & i_2 & \cdots & i_n \end{pmatrix}$ ，则对任意 n 元置换 σ 有

$$\sigma\tau\sigma^{-1} = \begin{pmatrix} \sigma(1) & \sigma(2) & \cdots & \sigma(n) \\ \sigma(i_1) & \sigma(i_2) & \cdots & \sigma(i_n) \end{pmatrix}$$

证明　由于

$$\sigma = \begin{pmatrix} 1 & 2 & \cdots & n \\ \sigma(1) & \sigma(2) & \cdots & \sigma(n) \end{pmatrix}$$

故 $\sigma\tau = \begin{pmatrix} 1 & 2 & \cdots & n \\ \sigma(1) & \sigma(2) & \cdots & \sigma(n) \end{pmatrix}\begin{pmatrix} 1 & 2 & \cdots & n \\ i_1 & i_2 & \cdots & i_n \end{pmatrix} = \begin{pmatrix} 1 & 2 & \cdots & n \\ \sigma(i_1) & \sigma(i_2) & \cdots & \sigma(i_n) \end{pmatrix}$ ，而

$\begin{pmatrix} \sigma(1) & \sigma(2) & \cdots & \sigma(n) \\ \sigma(i_1) & \sigma(i_2) & \cdots & \sigma(i_n) \end{pmatrix}\sigma = \begin{pmatrix} \sigma(1) & \sigma(2) & \cdots & \sigma(n) \\ \sigma(i_1) & \sigma(i_2) & \cdots & \sigma(i_n) \end{pmatrix}\begin{pmatrix} 1 & 2 & \cdots & n \\ \sigma(1) & \sigma(2) & \cdots & \sigma(n) \end{pmatrix} =$

$\begin{pmatrix} 1 & 2 & \cdots & n \\ \sigma(i_1) & \sigma(i_2) & \cdots & \sigma(i_n) \end{pmatrix} = \sigma\tau$ 。因此 $\sigma\tau\sigma^{-1} = \begin{pmatrix} \sigma(1) & \sigma(2) & \cdots & \sigma(n) \\ \sigma(i_1) & \sigma(i_2) & \cdots & \sigma(i_n) \end{pmatrix}$ 。

由该定理可知，当置换 τ 表示为轮换的乘积时，把轮换 τ 中的数码 i 换成 $\sigma(i)$ 后即得 $\sigma\tau\sigma^{-1}$ 。

2.1.6　环

群是在一个集合上定义了一个运算并要求有逆、有单位元以及满足结合律且封闭的代数结构。下面在群的基础上引入运算，研究其性质和特点。

1. 环的基本概念

（1）环。设非空集合 R 上有两个代数运算——加法和乘法。若 R 满足以下条件，则称 R 对这两个代数运算构成一个环。

（i） R 对加法构成一个加法群。

（ii）R对乘法满足结合律，即$(ab)c = a(bc)$。

（iii）乘法对加法满足左、右分配率：$a(b + c) = ab + ac, (b + c)a = ba + ca$。

其中，a, b, c为R中任意的元素。

下面给出一些特殊环的定义。

交换环：R对乘法满足交换律。

幺环：R对乘法构成幺半群的环，一般将R对于乘法的单位元记为1或e。

交换幺环：R对乘法构成幺半群，并且满足乘法交换律的环。

整环：无零因子的交换幺环。

除环：R中所有非零元对于乘法构成交换群的环。

域：满足交换律的除环。

由环的定义，在环R中有加法和乘法两种运算。不妨将R对于加法构成的群的单位元记为0，称为R零元。将a在加法下的逆元记为$-a$，称为a的负元。将m个a连加得到的结果记为ma，并规定$0a = 0, (-n)a = -(na)$。将m个a连乘结果记为a^m。将$a + (-b)$简记为$a - b$。

易得以下性质。

（i）$(m + n)a = ma + na, m(-a) = -(ma), (mn)a = m(na)$。

（ii）$a^m a^n = a^{m+n}, (a^m)^n = a^{mn}$。

（iii）$\sum\limits_{i=1}^{n} a_i \sum\limits_{j=1}^{m} b_j = \sum\limits_{i=1}^{n} \sum\limits_{j=1}^{m} a_i b_j$。

（iv）$a0 = 0a = 0, (-a)b = a(-b) = -ab, (-a)(-b) = ab$。

一般来说，两个数的乘法满足消去律，即两个非零数的乘积一定不为零，但是在一般环中乘法消去律未必成立。

（2）零因子。设$a \neq 0$是环R中的一个元素，若在R中存在元素$b \neq 0$使$ab = 0$，则称a为环R的一个左零因子。类似地，也可以定义右零因子。左、右零因子统称为零因子，只有在必要区分时才规定左、右，既不是左零因子也不是右零因子的元素称为正则元。

（3）子域。设F_1是域F的一个子集，且$|F_1| > 1$。如果F_1对F的两种运算也作为一个域，则称F_1是F的一个子域。

命题2.7 环R没有零因子，当且仅当R对乘法满足左、右消去率。

命题2.8 设$R \neq \{0\}$，且为无零因子环，则R中所有非零元对于R的加法具有相同的阶，且当这一共同的阶有限时，必为素数。

证明　记 $R^* = R - 0$。若 R^* 中所有元素对于加法的阶是无穷时，则命题正确。若存在 $a \in R^*$ 的阶为有限 n 阶的，则 $\forall b \in R^*$ 有 $(na)b = a(nb) = 0$。因为 R 无零因子，故 $nb = 0$，说明 b 的阶不超过 n。设 b 的阶为 m，则 $mb = 0$，于是有

$$a(mb) = (ma)b = 0$$

故 $ma = 0$。因此 $n \leqslant m$，于是 $m = n$，故 R^* 中所有元素对于加法的阶都等于 n。若 n 不为素数，则存在 $n_1, n_2 \in N$，$n_1 < n$，$n_2 < n$，使得 $n = n_1 n_2$。于是 $n_1 a \neq 0$，$n_2 a \neq 0$，但

$$(n_1 a)(n_2 a) = na^2 = (na)a = 0$$

与 R 无零因子矛盾。

除环和域没有零因子。设 R 是一个除环，$a \in R$。如果 $a \neq 0$，$ab = 0$，则 $b = a^{-1}(ab) = 0$，即 R 无零因子。

基于上述定理，下面将环看成加法群来讨论其元素的阶的情况。

（4）特征数。若环 R 的元素（对加法）有最大阶 n，则称 n 为环 R 的特征数。

若环 R 的元素（对加法）无最大阶，则称 R 的特征数是无限的（或零），并用 char R 表示，简记为 CHR。由于有限群中每个元素的阶都是有限的，故有限环的元素对加法有最大阶，从而有限环的特征数必有限。但对于无限环而言，其特征数可能有限。

命题 2.9　设 R 是一个无零因子环，且 $|R| > 1$，则

（i）R 中所有元素（对加法）的阶均相同。

（ii）若 R 的特征数有限，则 R 中的所有元素必为素数。

命题 2.10　若环 R 有单位元，则单位元在加法群 $(R, +)$ 中的阶就是 R 的特征数。

2. 环的理想与同态

对于环，首先来考察它的子系统——子环，同时引入一个重要的概念——理想，其与正规子群在群中的作用一样重要。

（1）子环。若环 R 的非空子集 R_1 对于 R 的加法与乘法也构成环，则称 R_1 为 R 的子环。

（2）理想。若子环 R_1 还满足 $ra \in R_1$，$\forall r \in R$，$a \in R_1$，则称 R_1 为 R 的左理想；若子环 R_1 还满足 $ar \in R_1$，$\forall a \in R_1$，$r \in R$，则称 R_1 为 R 的右理想。若 R 的子环 I 既是 R 的左理想，又是 R 的右理想，则称 I 为 R 的双边理想，简称理想。

对于任意的环 R，若 $|R| > 1$，则 R 至少有两个理想：一个是零理想 0；另一个

是 R 本身（称为 R 的单位理想），并将这两个理想统称为平凡理想。别的理想，若存在的话，称为 R 的非平凡理想或真理想。

只有平凡理想的非零环才称为单环。对于一个给定的环，想要弄清它的理想情况，一般来说是非常困难的，但是相对于某些特定的环，其理想情况还是比较容易弄清的。

命题 2.11 N 是循环环的一个理想，当且仅当 N 是 R 的一个加法子环。

命题 2.12 除环和域只有平凡理想，即它们都是单环。

命题 2.13 设 R 是一个环，则

（i）R 的非空子集 R_1 为 R 的子环的充要条件是 $\forall a,b \in R_1$，有 $a-b \in R_1$，$ab \in R_1$。

（ii）R 的非空子集 I 为 R 的子环的充要条件是 $\forall a,b \in I$，$\forall x,y \in R$，有 $a-b \in I$，$xa, ay \in I$。

推论 2.8 设 R 为幺环，则 R 的非空子集 I 为理想的充要条件是 $\forall a,b \in I$，$\forall x,y \in R$，有 $a-b \in I$，$xay \in I$。

推论 2.9 设 R 为交换环，则 R 的非空子集 I 为理想的充要条件是 $\forall a,b \in I$，$\forall x \in R$，有 $a-b \in I$，$xa \in I$。

下面从环的元素出发，来定义环的理想。

命题 2.14 设 R 为环，$R_i (i \in X)$ 为 R 的一簇理想，则 $\bigcap_{i \in X} R_i$ 也是 R 的理想。

特别地，命题 2.14 中的 X 可以是无限集。设 A 为 R 的非空子集，则由命题 2.14 可知，所有 R 中包含 A 的理想之交仍为 R 的理想，称为由 A 生成的理想，记为 $\langle A \rangle$。它是 R 中包含 A 的最小理想。当 A 只包含一个元素 a 时，记 $\langle A \rangle$ 为 $\langle a \rangle$，称为由 a 生成的主理想。

命题 2.15 若 $N_1, N_2, \cdots, N_m$ 是环 R 的 m 个（子环）理想，则

$$N_1 + N_2 + \cdots + N_m$$

也是环 R 的一个（子环）理想。

在环 R 中任取 m 个元素 $a_1, a_2, \cdots, a_m$，则由上述定理知

$$\langle a_1 \rangle + \langle a_2 \rangle + \cdots + \langle a_m \rangle$$

是环 R 的理想，并简记为

$$\langle a_1, a_2, \cdots, a_m \rangle$$

并称其为由元素 $a_1, a_2, \cdots, a_m$ 生成的理想，它显然是环 R 中包含 $a_1, a_2, \cdots, a_m$ 的最小理想。

设 I 为环的理想，在 R 中定义关系"~"：

$$a \sim b \Leftrightarrow a - b \in I$$

则关系"~"是 R 中的等价关系，对于 R 的加法和乘法都是同余关系。

（3）商环。将 $a \in R$ 所在的等价类记为 $a + I$，在集合 $R/\sim = R/I$ 上定义加法和乘法为

$$(a + I) + (b + I) = (a + b) + I$$

$$(a + I)(b + I) = ab + I$$

则称 R/I 对于上述运算构成一个环，并将该环称为 R 对于理想 I 的商环。

显然若 R 为交换环，则 R/I 也是交换环。若 R 为幺环，则 R/I 也是幺环，且单位元是 $1 + I$。

设 R 是一个交换环，与群一样，在环中同样需要研究环的同态与同构来比较各种环之间的异同，为此给出环同态的定义。

（4）环同态。设 R_1, R_2 为两个环，f 为 R_1 到 R_2 的映射，称 f 为一个同态，若下列条件成立，则称 f 为 R_1 到 R_2 的环同态。

（i）$f(a + b) = f(a) + f(b)$。

（ii）$f(ab) = f(a)f(b)$。

同样地，若 f 为单射，则称 f 为单同态；若 f 为满射，则称 f 为满同态；若 f 为双射，则称 f 为同构，记为 $R_1 \cong R_2$。

特别地，当 $R_1 = R_2$ 时，称 f 为环 R 的一个自同构。当 R_1 与 R_2 为除环或域时，以上的同态映射、同构映射或自同构就称为除环或域的同态映射、同构映射或自同构。类似群论，有以下命题。

命题 2.16　设 f 为环 R_1 到 R_2 的同态，g 是 R_2 到 R_3 的同态，则 gf 为 R_1 到 R_3 的同态。若 f, g 均为单同态，则 gf 为单同态；若 f, g 为满同态，则 gf 为满同态；若 f, g 同构，则 gf 同构。

命题 2.17　设 f 为环 R_1 到 R_2 的满同态，则 $\ker f = f^{-1}(\{0\}) = \{a \in R_1 | f(a) = 0\}$ 为 R_1 的理想。

命题 2.18　设 f 是环 R_1 到 R_2 的满同态，则 $R_1/\ker f \cong R_2$。

证明　因 f 是环同态，故 f 是加法群 R_1 到 R_2 的同态。设 π 为环 R_1 到 $R_1/\ker f$

的自然同态，则 π 也是加法群 R_1 到 $R_1/\ker f$ 的自然同态。由群同态的基本定理及证明可知，存在加法群 $R_1/\ker f$ 到 R_2 的群同构 $\overline{f}$，使得 $f = \overline{f} \circ \pi$。因

$$\overline{f}\big(\pi(a)\pi(b)\big) = \overline{f}\big(\pi(ab)\big) = f(ab) = f(a)f(b) = \overline{f}\big(\pi(a)\big)\overline{f}\big(\pi(b)\big)$$

故 $\overline{f}$ 是 $R_1/\ker f$ 到 R_2 的环同构，则结论成立。

命题 2.19 设 f 是环 R_1 到 R_2 的满同态，$K = \ker f \cong R_2$，则以下结论成立。

（i）f 建立了 R_1 中包含 K 的子环之间的一一对应。

（ii）上述映射将理想对应到理想。

（iii）若 I 是 R_1 的理想，且包含 K，则有 $R_1/I \cong R_2/f(I)$。

推论 2.10 设 I_1、I_2 均为环 R 的理想，且 $I_1 \subseteq I_2$，则有 $R/I_1 \cong (R/I_1)/(I_2/I_1)$。

2.1.7 唯一分解整环

接下来将介绍两类重要的环——有限的模 n 剩余类环以及无限的多项式环。对于模 n 剩余类先来看一个例子。

将时间以天为单位组成一个集合，该集合就与整数集构成了一一对应。以 1 表示第一天，2 为第二天。于是星期一就对应整数集的一些子集：$1,8,15,\cdots$。不难发现所有星期一都是被 7 除余 1，则表示为 $\{7k+1 \mid k \in \mathbf{Z}\}$。类似地，星期二就是 $\{7k+2 \mid k \in \mathbf{Z}\},\cdots$，星期日就是 $\{7k \mid k \in \mathbf{Z}\}$。进一步对这些集合进行区分，将其最具代表性的地方拿出来，如星期一就是 1（因为刚好被 7 除余 1）并记为 $\overline{1}$，类似地，星期二记为 $\overline{2},\cdots$，星期日记为 $\overline{0}$，且每一个集合之间都不相交，若将这 7 个集合放在一个大集合中 $\{\overline{1},\overline{2},\cdots,\overline{0}\}$，刚好就是整数集 $\mathbf{Z}$。

（1）划分。设集合 P 是 X 的子集，若满足以下条件，则称 P 为 X 的一个划分，P 中的元素称为划分的块或部分。

（i）P 中任意元素都是非空集合。

（ii）P 中任意两个不相等元素的交集为空集。

该定义反过来说就是这 7 个集合构成了整数集的一个划分，并将其记为 Z_7。

在此基础上推广：对于 $\forall n > 1$，$n \in \mathbf{Z}$，有

$$\overline{1} = \{kn+1, k \in \mathbf{Z}\}$$

$$\overline{2} = \left\{ kn + 2, k \in \mathbf{Z} \right\}$$
$$\vdots$$
$$\overline{n-1} = \left\{ kn + (n-1), k \in \mathbf{Z} \right\}$$
$$\overline{0} = \left\{ kn, k \in \mathbf{Z} \right\}$$

由此可知，$Z_n = \{\overline{0}, \overline{1}, \cdots, \overline{n-1}\}$ 是整数集的一个划分。同时将 $\overline{0}, \overline{1}, \cdots, \overline{n-1}$ 称为模 n 的剩余类。

进一步，由于整数集 $\mathbf{Z}$ 是从整数划分而来的，于是自然地希望该集合有加法和乘法运算，为此做出如下规定：$\overline{a} + \overline{b} = \overline{a+b}$，即其代表元 $\overline{a}$ 和 $\overline{b}$ 相加，再看被 n 除后余几对应哪个剩余类，即 $\overline{a+b}$。同理 $\overline{a} \cdot \overline{b} = \overline{a \cdot b}$。这样规定的加法与乘法不依赖于代表元的选择，将其称为模 n 剩余类加法与乘法。

回顾之前所定义的零因子与逆元的概念，现在可以从模 n 剩余类环来对该定义进行进一步的说明。考虑 Z_8，有 $\overline{2} \cdot \overline{4} = \overline{8} = \overline{0}, \overline{4} \cdot \overline{6} = \overline{24} = \overline{0}$（显然 $\overline{4}$ 就成为一个零因子）。同时也很容易看出 $\overline{1}$ 为 Z_8 的一个单位元。因 $\overline{3} \cdot \overline{3} = \overline{1}, \overline{5} \cdot \overline{5} = \overline{1}$，可知 $\overline{3}$ 和 $\overline{5}$ 的逆元就是它们自己。

易验证 Z_n 为一个环，并称为模 n 剩余类环，且是一个有单位元的交换环。

下面来对这种环进行讨论，首先，对任意整数 i, q, n，有

$$(i, n) = (i + nq, n)$$

故类 $\overline{I}$ 中若有一个整数同 n 互素，则这个类中所有的整数类都同 n 互素，因此，就有类 $\overline{I}$ 与 n 互素。

Z_n 中非零元 $\overline{m}$ 若与 n 互素，则称为可逆元；若不与 n 互素，则称零因子。易知，若 p 是素数，则环 Z_p 是一个域；若 n 是合数，则环 Z_n 有零因子，而不是域。

定理 2.28　设 m, n 是两个正整数，则 $Z_m \sim Z_n \Leftrightarrow n \mid m$。

定理 2.29　除零环外，在同构意义下，循环环有且只有整数环及其子环，以及剩余类环及其子环。

接下来介绍另一个重要的环——多项式环。以往学习的多项式往往都是在数域上的，现在对其进行一般化的讨论。

假设 R 是一个有单位元的环，又设 x 为一个记号，称为 R 上的未定元，则形如

$$f(x) = a_0 x^0 + a_1 x^1 + \cdots + a_n x^n (a_i \in R)$$

的表达式称为 R 上未定元 x 的多项式。尽管 $a_0, a_1, \cdots, a_n$ 不一定是数，但这里仍认为

它们是多项式的系数。另外，有关普通多项式的项、次数及相等、相加、相乘等概念和运算，现对于环上的多项式可以基本照搬无误。特别地，约定系数为 0 的项可以略去不写，也可以任意添加。又约定

$$1x = x, \quad (-a)x = -ax$$

而 $x^0 = 1$，此时 R 有单位元，这样 R 中的每个元素都是一个特殊的多项式。系数为零的多项式称为零多项式，并用 0 表示。

根据以上规定，R 上未定元 x 的全体多项式，关于多项式的加法与乘法构成一个环，称为 R 上未定元的多项式环，记为 $R[X]$，R 是 $R[X]$ 的一个子环，且 $R[X]$ 的单位元就是 R 的单位元。显然 $R[X]$ 是交换环，当且仅当 R 是交换环。

定理 2.30　设 R 是一个有单位元的环，则 R 是整环 $\Leftrightarrow$ $R[X]$ 是整环。

定理 2.31　设 R 是一个有单位元的环，$R[X]$ 是 R 上未定元 x 的多项式环，则对 $R[X]$ 中任意多项式 $f(x), g(x) \neq 0$（$g(x)$ 的最高系数是 R 的一个可逆元），在 $R[X]$ 中存在多项式 $q_1(x), r_1(x)$ 及 $q_2(x), r_2(x)$ 使

$$f(x) = g(x)q_1(x) + r_1(x)$$

$r_1(x) = 0$ 或 $r_1(x)$ 的次数小于 $g(x)$ 的次数

$$f(x) = q_2(x)g(x) + r_2(x)$$

$r_2(x) = 0$ 或 $r_2(x)$ 的次数小于 $g(x)$ 的次数，分别称 $q_1(x)$、$r_1(x)$ 及 $q_2(x)$、$r_2(x)$ 为 $f(x)$ 用 $g(x)$ 除所得的右商、右余式与左商、左余式。

当 R 是一个有单位元的环时，R 上未定元 x_1 的多项式环 $R[X_1]$ 也是一个有单位元的环，从而 $R[X_1]$ 上未定元 x_2 的多项式环 $R[X_1][X_2]$ 也是一个有单位元的环。如此往复，一般可得环

$$R[x_1][x_2]\cdots[x_n]$$

称其为 R 上的不相关未定元 $x_1, x_2, \cdots, x_n$ 的 n 元多项式环，简称为多元多项式环，简记为 $R[x_1, x_2, \cdots, x_n]$。

对于域上的多项式有以下定理。

定理 2.32　设 F 是域 E 上的一个子域，则 E 中的元素 a 是 F 上多项式 k 的根，当且仅当 $x = a$ 整除 $f(x)$，其中 x 是域 E 上的未定元。

定理 2.33　设 F 是域 E 上的一个子域，x 是 E 上的未定元，则 F 上 $n(n>0)$ 次多项式 $f(x)$ 在 E 中根的个数（k 重根以 k 计）不超过 k 的次数 n。

要想推广整环和多项式环的因式分解理论，就必须对整除、因子、不可约多项式和素数等概念在整环 K 上进行相应推广。设 R 是一个整环，$a,b \in R$。若存在元素 $c \in R$ 使 $a = bc$，则称 b 整除 a，也称 b 是 a 的一个因子，记为 $b \mid a$，若不能整除则记为 $b \nmid a$。设 R 为整环，用 U 表示幺半群 $R^* = R - 0$ 中所有可逆元的集合，则 U 是一个交换群，称为 R 的单位群，U 中的元素称为单位。

注意，单位不一定是单位元，如任何整环中至少有 -1 及 1 两个单位。

设 $a,b \in R$，若存在 R 中单位 u 使 $a = ub$，则称 a 与 b 相伴，记为 ab，并称 a 是 b 的相伴元。

设 $a \in R^*$，则任何单位和 a 的相伴元都是 a 的因子，称为 a 的平凡因子。若 $b \mid a$，但 $a \nmid b$，则称 b 为 a 的真因子。设 $0 \neq a \in K$，且 a 不是单位，如果 a 只有平凡因子，则称 a 为环 K 的一个不可约元；若 a 有非零因子，则称 a 为环 K 的一个可约元。

设 $0 \neq p \in K$，且 p 不是单位。若 $p \mid ab$，则必有 $p \mid a$ 或 $p \mid b$，称 p 是环 K 的一个素元。素元一定是不可约元。

（2）唯一分解整环。设 K 是整环，若 K 中每个既不是零又不是单位的元素都能唯一分解，则称 K 为唯一分解整环。

$Z[i] = \{a + bi \mid a,b \in Z\}$ 构成一个整环（称这个环为 Gauss 整环）并且其单位群是 $\pm 1, \pm i$，求出该环中所有的单位及整数 5 在 $Z[i]$ 中的所有真因子。

设 $\alpha = a + bi$ 是 5 在 $Z[i]$ 中任一真因子，则存在 $\beta \in Z[i]$ 使 $5 = \alpha\beta$，$25 = |\alpha^2| + |\beta^2|$。这只有 $|\alpha|^2 = 1,5,25$。由于 α 是 5 的真因子，而环 $Z[i]$ 的单位群只有 $\pm 1, \pm i$。故 $|\alpha|^2 \neq 1$；又 $|\alpha|^2 \neq 25$；若 $|\alpha|^2 = 25$，则由上述内容可知 $|\beta^2| = 1$，即 β 是单位群，α 与 5 相伴，与 α 是 5 的真因子相矛盾。故只有 $|\alpha|^2 = a^2 + b^2 = 5$，由此可得

$$\begin{cases} a = \pm 1 \\ b = \pm 2 \end{cases}, \begin{cases} a = \pm 2 \\ b = \pm 1 \end{cases}$$

于是 5 的全部真因子共有 8 个，它们是 $\pm 1, \pm 2i, \pm 2, \pm i$。实际上，5 的不相伴真因子只有两个，即 $1 \pm 2i$，而其余的真因子都与这两个环中某一个相伴。

整数环和任意数域 P 上的多项式 $P[x]$ 都是唯一分解整环。接下来对唯一分解整环的性质进行讨论。

定理 2.34 设 K 是任意一个唯一分解整环，则 P 是 K 的素元 $\Leftrightarrow$ p 是不可约元。

证明 由于 K 中的元素一定是不可约元。反之，设 p 是 K 的一个不可约元，且 $p \mid ab$，令 $ab = pc$，若 a、b 中有零元或单位元，则显然 p 至少整除 a、b 中的一个。因此，设 a 与 b 既不是零元也不是单位元。由于 K 无零因子，这时 $c \neq 0$，同时 c 也不是单位元，否则，pc 将是不可约元且能表示成两个非单位元的乘积，则与 pc 是真因子相矛盾。因为 K 是唯一分解整环而 $c \neq 0$，同时 c 也不是单位元。因此 c 及 ab 都可唯一分解。由唯一分解定义可知，不可约元 p 一定与某个元素相伴。

对上面的内容进行总结，可得到以下定理，以便判断一个整环是不是唯一分解整环。

定理 2.35 设 K 是整环，若 K 满足以下两个条件，则 K 是一个唯一分解整环。

（i）K 中的每个既非零又非单位的元素都可分解为不可约元之积。

（ii）K 中的不可约元都是素元。

对于唯一分解整环的另一个重要性质就是最大公因数的存在性。基于此，整数环中的最大公因数和多项式环 $F[x]$ 中的最大公因数概念和讨论，也可以在唯一分解整环中得到推广。

2.2 小结

群论是研究系统对称性质的有力工具。本章首先给出了集合与关系的基本概念。然后，从系统对称性质的研究中概括出群的基本概念，通过物理中一些常见群的例子，让读者对群有具体的认识。接着，引入了群的各种子集的概念、群的同构与同态的概念、特殊的群以及环和唯一分解整环的概念。以上是构造量子纠错编码所需要的数学基础知识，其中，群的线性表示理论是群论能在物理和其他领域中得到广泛应用的基础。

第 3 章
量子信息基础

3.1 噪声类型

噪声（环境噪声和信道噪声）是影响量子信息传输的重要因素。本节从随机噪声模型和一般噪声模型两个方面讨论噪声对量子信息的干扰情况。其中，随机噪声模型是量子纠错编码中广泛应用的一个简单模型。在该模型中，可能会发生一组基本错误，这些错误可以用系统的量子态乘以一组错误算子来表示，即 $\{E_i\} : |\psi\rangle \rightarrow E_i |\psi\rangle$（如果错误算子不是酉算子，则量子态必须重新标准化）。通常，假定这些错误按照固定（通常较低）概率 r_i 遵循泊松过程，因此，在一个短区间 Δt 发生错误 E_i 的概率为 $r_i \Delta t$。例如，在去极化噪声中，每个量子位都可以以 $1/3$ 的概率乘以 X、Y 或者 Z。

本节首先展示随机噪声模型如何在离散时间内等价于某些完全正定保迹（Completely Positive Trace Preserving，CPTP）映射，然后考虑连续时间情况下的噪声模型，其中噪声可以用马尔可夫主方程来描述。基于 CPTP 映射，可以用一种直观的方法来理解该噪声模型，即这种噪声可以被视为随机"跳跃"的组合，穿插在非酉的"条件"动力学中。此外，本节还考虑了在固定错误率的一般噪声模型中经常被忽略的潜在影响。

3.1.1 完备的动量映射和广义的测量

一个经历退相干的量子系统可以通过一系列 CP 映射来演化，即

$$\rho \mapsto \sum_k A_k \rho A_k^\dagger \mapsto \cdots \mapsto \sum_{k_1,\cdots,k_n} A_{k_n} \cdots A_{k_1} \rho A_{k_1}^\dagger \cdots A_{k_n}^\dagger$$

其中，$\{A_k\}$ 算子满足 $\sum_k A_k \rho A_k^\dagger = I$。该演化过程与广义测量的演化是一致的。

假设这个量子态的初始态是纯态，$\rho = |\psi\rangle\langle\psi|$。根据给出的投影测量一般形式，在一次测量之后，量子态将变成

$$|\psi\rangle \mapsto |\psi_k\rangle = A_k |\psi\rangle / \sqrt{p_k}$$

有以下概率

$$p_k = \mathrm{Tr}\left\{ A_k |\psi\rangle\langle\psi| A_k^\dagger \right\}$$

如果将所有量子态的结果及其概率 $\{p_k, |\psi_k\rangle\}$ 作为一个集合，它对应于密度矩阵

$$\rho_1 = \sum_k p_k |\psi_k\rangle\langle\psi_k| = \sum_k A_k |\psi\rangle\langle\psi| A_k^\dagger$$

是一个混合态。

假设第一次测量的结果是 k_1，然后进行第二次测量，结果是 k_2 的概率为

$$p_{k_2|\,k_1} = \mathrm{Tr}\left\{ A_{k_2} |\psi_{k_1}\rangle\langle\psi_{k_1}| A_{k_2}^\dagger \right\} = \frac{1}{p_{k_1}} \mathrm{Tr}\left\{ A_{k_2} A_{k_1} |\psi\rangle\langle\psi| A_{k_1}^\dagger A_{k_2}^\dagger \right\}$$

定义联合概率为

$$p_{k_2 k_1} = p_{k_1} p_{k_2|\,k_1} = \mathrm{Tr}\left\{ A_{k_2} A_{k_1} |\psi\rangle\langle\psi| A_{k_1}^\dagger A_{k_2}^\dagger \right\}$$

经过两次测量，量子态为

$$\left|\psi_{k_2 k_1}\right\rangle = A_{k_2} A_{k_1} |\psi\rangle / \sqrt{p_{k_2 k_1}}$$

将所有的量子态视为一个集合，对应的密度矩阵为

$$\rho_2 = \sum_{k_1, k_2} A_{k_2} A_{k_1} |\psi\rangle\langle\psi| A_{k_1}^\dagger A_{k_2}^\dagger$$

同样地，经过 n 步上述过程后，有 n 个结果 $k_1, \cdots, k_n$ 的概率为

$$p_{k_n \cdots k_1} = \mathrm{Tr}\left\{ A_{k_n} \cdots A_{k_1} |\psi\rangle\langle\psi| A_{k_1}^\dagger \cdots A_{k_n}^\dagger \right\}$$

由此产生的量子态为

$$\left| \psi_{k_n \cdots k_1} \right\rangle = A_{k_n} \cdots A_{k_1} |\psi\rangle / \sqrt{p_{k_n \cdots k_1}}$$

这个量子态集合对应于一个密度矩阵

$$\rho_n = \sum_{k_1, \cdots, k_n} A_{k_n} \cdots A_{k_1} |\psi\rangle\langle\psi| A_{k_1}^\dagger \cdots A_{k_n}^\dagger$$

这意味着可以用纯态取代密度矩阵演化，此演化过程是由一系列重复的广义测量引起的随机过程。通过对所有可能的结果进行平均化，密度矩阵就被重建了。这样的随机纯态演化被称为量子轨迹。如果把完全正（CP）映射演化为轨迹的平均值，就说明已经解开了这个演化。

3.1.2　一般噪声模型

下面考虑弱噪声对量子态平均改变的影响，将一个弱噪声过程定义为一个接近于恒等式超算子的过程

$$\rho' = \sum_k A_k \rho A_k^\dagger$$

$$\|\rho - \rho'\|_1 \ll 1, \forall \rho$$

其中，$\|\cdot\|_1$ 表示迹范数。在观察随机演化时，一个弱噪声过程并不意味着 $A_k |\psi\rangle / \sqrt{p_k}$ 对所有 k 都接近于 $|\psi\rangle$。事实上，它意味着量子态发生较大变化的算子 A_k 必须具有较低的概率，而具有高概率的算子必须接近于恒等式，其中，概率指的是错误或扰动在量子操作中发生的可能性。下面介绍一般噪声模型下的错误情况。

1. 相位翻转错误
相位翻转错误是量子计算机中常见的错误类型之一。这可能是由于环境中的

相互作用、不精确的 Z 门或量子编码系统的扰动引起的，可以编写 CP 映射

$$\rho \mapsto (1-\epsilon)\rho + \epsilon Z \rho Z$$

由此得出两个错误算子

$$A_0 = \sqrt{1-\epsilon} I, \quad A_1 = \sqrt{\epsilon} Z$$

在这种情况下，错误概率是固定的，即一个相位翻转错误经过每个门后的概率为 ϵ。显然，对于围绕不同轴的旋转，错误的类型将是不同的。

2. 比特翻转错误

量子态 ρ 在经历比特翻转错误时的演化如下。

$$\rho \mapsto (1-p)\rho + p X \rho X$$

其中，ρ 表示一个量子态的密度矩阵，p 是比特翻转错误发生的概率，而 X 是 Pauli 矩阵，也称为比特翻转算子，它的作用是将量子比特的状态 $|0\rangle$ 翻转为 $|1\rangle$，反之亦然。

比特翻转错误形式与相位翻转错误完全相同，只是用比特翻转错误 X 代替了相位翻转错误 Z。这些错误的纠正本质上与经典的比特错误概念相同，即它们可以将 $|0\rangle$ 更改为 $|1\rangle$，反之亦然。

量子纠错编码可以纠正 X 和 Z 错误。例如，在第 3.3 节中描述的 CSS（Calderbank-Shor-Steane）码。如果一个代码可以同时纠正 X 和 Z 错误，那么它就可以纠正一般的量子位错误，即任何作用于量子位的算子都可以写成 I、X、Z 和 $Y = IXZ$ 的线性组合。可以纠正所有这些错误算子的代码称为通用代码。原则上，根据相关系统的特定错误模型定义一个纠错代码是有意义的。有人可能会认为，在环境影响下量子态产生的错误与所执行的门无关。但一般来说，这种想法是错误的。如果在门的执行过程中发生错误，量子态经过门的一系列操作将其转换为不同的错误码字。

假设在时间 τ 内，通过哈密顿量 H 来执行 U 门（此处忽略了量子门的不精确性）。

$$U = \exp(-\mathrm{i} H \tau / \hbar)$$

假设中间发生了一个错误 A_k，然后量子态变成

$$U = \exp(-\mathrm{i} H \tau / \hbar) A_k |\psi\rangle \mapsto \mathrm{e}^{-\mathrm{i} H t / \hbar} A_k \mathrm{e}^{-\mathrm{i} H(\tau - t)/\hbar} / \sqrt{p_k}$$

除非 A_k 与 H 对易，否则错误 A_k 将成为一个新的错误 $\mathrm{e}^{-\mathrm{i} H t / \hbar} A_k \mathrm{e}^{-\mathrm{i} H(\tau-t)/\hbar}$。

3. 独立错误

在量子信息处理中，通常假定错误是独立的。假设不同门的随机错误彼此不相关，每个量子位都与一个单独的环境相互作用，具体如下。

（1）每个门都有一个与之相关的错误过程，无论门应用于哪个量子位，本质上都是相同的（例如，比特 i 和 j 上的 CNOT 门对于 i 和 j 的每个值都有相同的错误过程）；

（2）门上的错误只发生在应用门的量子位上（例如，量子位 1 和量子位 3 上的门不会导致量子位 2 上门的错误）；

（3）一个没有经历门的量子位有一些内在的错误过程（存储错误），它对于所有的量子位都是相同的和独立的。

量子位的一种典型噪声是去极化噪声

$$\rho \mapsto (1 - p_x - p_y - p_z)\rho + p_x X \rho X + p_y Y \rho Y + p_z Z \rho Z$$

有错误算子

$$A_0 = \sqrt{1 - p_x - p_y - p_z}\, I$$
$$A_1 = \sqrt{p_x}\, X$$
$$A_2 = \sqrt{p_y}\, Y$$
$$A_3 = \sqrt{p_z}\, Z$$

所有的初始态都将趋向于最大混合态 $\rho = I / 2$。

去极化噪声经常被用作量子信道下的噪声模型。大多数量子信道不是现实的模型，是一个允许人们量化错误的可能性模型，无须对它们的形式做出假设。一般情况下，如果错误校正对去极化噪声的抑制效果较好，则对与其相似的独立噪声模型的抑制效果也较好。这类似于在经典错误校正实践中，对二进制对称信道（即比特翻转信道）进行一般化代码处理。

实际上，错误模型可以违反独立错误的假设。例如，不同的量子位代表不同类型的物理系统，它们可能会有不同的错误过程（例如，电子自旋和核自旋）。某些类型的系统可能有相关的错误（例如，自旋 1/2 的 Pauli 交换错误）。为给特定的系统找出好的错误模型，可能需要非常详细地校正测量，针对不同的测量结果，选择最适合的纠错策略。

3.2 量子纠错理论

3.2.1 理论基础

本节主要介绍量子纠错的理论基础。如果要进行量子纠错，必须满足条件——一组使其成功纠错的方程。满足该条件的纠错码并不一定具有优良纠错性能。

在量子纠错理论中，人们注意到编码量子信息的物理量子位和环境的相互作用会导致纠缠，使信息编码散失到环境中。为解决上述情况，在物理量子位和环境构成的复合系统下施加一个逆变换，从而恢复存储在物理量子位中的信息。但环境通常是不能控制的，散失到环境中的信息也是无法搜集的。由于物理量子位可以和环境纠缠，物理量子位之间也可以通过相互作用纠缠起来，因此把物理量子位和附加量子位纠缠起来，在物理量子位的纠缠态中编码量子信息，可以检测和校正错误，而不会破坏存储的信息，但这些附加量子位和环境不同，仍有可能把散失在其中的信息再提取出来，重新恢复编码的量子信息。这类似于在经典纠错中通过引入冗余的方法加强信息抗干扰性，但与经典纠错不同的是，它利用的是量子纠缠而不是态的复制。

量子纠错理论的基本思想是量子态通过酉运算被编码为纠错码，它最早的应用是由 Shor 码引入的，其形式定义为某个较大 Hilbert 空间中的一个子空间 C。为了方便起见，下面采用符号 P 表示代码子空间 C 上的投影算子，对一个三量子比特翻转码执行错误测量以检测所出现的错误类型，一旦错误确定，就会执行恢复运算，从而通过量子系统使整个代码空间恢复到原始状态。不同的错误对应于整个 Hilbert 空间中未变形的子空间，这些子空间必须是正交的，否则它们就不能被错误测量可靠地区分。此外，不同的子空间必须是原始代码空间的未变形状态，因为投影到不同子空间的错误必须将（正交）码映射到正交状态，以便能够从错误中恢复。量子编码空间如图 3-1 所示。

为确保纠错是成功的，错误控制把检测和恢复的两个步骤合到一起，由此代码子空间 C 中有

$$(\Re \circ \varepsilon)(\rho) \propto \rho P_{\varepsilon_c}$$

即在应用纠错操作 $\mathfrak{R}$ 后，量子态 ρ 应该如何被修正。这里的比例关系 $\propto$ 表示两边的量子态在某种程度上是成比例的，这通常意味着在纠错操作后，量子态 ρ 被成功地恢复到了一个接近于原始状态的状态。其中，ε 表示噪声，$\mathfrak{R}$ 是保迹运算，ρ 表示代码子空间中的任意态，P 表示投影算子。量子纠错条件是一个简单方程组，通过检验这个简单方程组，可以确定纠错码是否能对抗特殊类型的噪声 ε_c。下面介绍应用这些条件构造的大量纠错码，并研究量子纠错编码的一些普遍性质。

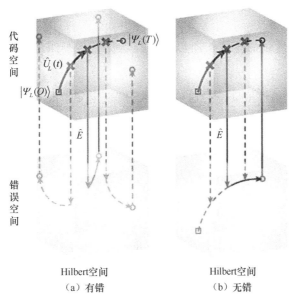

图 3-1　量子编码空间

定理 3.1　（量子纠错条件）令 C 为一个量子码，令 P 为到 C 的投影算子。设 ε 为具有运算元 $\{E_i\}$ 的量子运算，则纠错操作 $\mathfrak{R}$ 存在于 C 上的充分必要条件是对某个复数 Hermite 矩阵 α 成立

$$PE_i^{\perp}E_jP = \alpha_{ij}P \tag{3-1}$$

运算元 $\{E_i\}$ 为噪声 ε 的错误，且如果这样一个 P 存在，就说 $\{E_i\}$ 组成一个可纠正的错误集合。

证明　在式（3-1）成立的前提下，首先通过构造一个显式纠错运算来证明其充分性。这里采用的构造方法是基于 Shor 码的两步式形式——错误检测和恢复运算。设 $\{E_i\}$ 为满足量子纠错条件（即式（3-1））的一组运算元，α 为 Hermite 矩阵，

可被对角化为 $d = u^{\dagger} \alpha u$，其中，u 为酉矩阵，d 为对角矩阵。定义算子 $F = \sum_i u_{ik} E_i$。回顾量子纠错条件，可以看到 $\{F_i\}$ 是 ε 的一组运算元。

$$F = \sum_i u_{ik} E_i \tag{3-2}$$

将式（3-2）代入式（3-1），可将其简化为 $PF_k^{\dagger} F_l P = \sum_{ij} u_{ki}^{\dagger} \alpha_{ij} u_{jl} P$，且由于 $d = u^{\dagger} \alpha u$，得到

$$PF_k^{\dagger} F_l P = d_{kl} P \tag{3-3}$$

因为 d_{kl} 是对角化的矩阵，所以这可被看作是量子纠错条件（即式（3-1））的简化形式。

下面应用简化条件（即式（3-3））和极分解来定义错误校正测量。在极分解中，对某个酉操作 $U_k F_k P = U_k \sqrt{PF_k^{\dagger} F_k P} = \sqrt{d_{kk}} U_k P$，$F_k$ 的作用是把编码子空间旋转到由投影算子 $P_k \equiv U_k P U_k^{\dagger} = F_k P U_k^{\dagger} / \sqrt{d_{kk}}$ 所定义的这个子空间中。式（3-3）意味着这些子空间是正交的，因为当 $k \neq l$ 时，有

$$P_l P_k = P_l^{\dagger} P_k = \frac{U_l PF_l^{\dagger} F_k P U_k^{\dagger}}{\sqrt{d_{ll} d_{kk}}} = 0 \tag{3-4}$$

错误校正测量是由投影算子 P_k 所定义的一组投影测量，P_k 通过附加投影算子而被增广以满足完备性关系 $\sum_k P_k = I$。

恢复运算操作可简单地通过作用 $U_k^{\dagger}$ 来实现。为证明该纠错方法可用，注意到检测—恢复组合步骤对应于量子运算 $\Re(\sigma) = \sum_k U_k^{\dagger} P_k \sigma P_k U_k$。对于这个码中的状态 ρ，应用简单的代数运算和定义，可以得出

$$U_k^{\dagger} P_k F_l \sqrt{\rho} = \frac{U_k^{\dagger} P_k^{\dagger} F_l P}{\sqrt{\rho}} = \frac{U_k^{\dagger} U_k PF_k^{\dagger} F_l P \sqrt{\rho}}{\sqrt{d_{kk}}} = \delta_{kl} \sqrt{d_{kk}} P \sqrt{\rho} = \delta_{kl} \sqrt{d_{kk}} \sqrt{\rho} \tag{3-5}$$

因此，依据上述纠错条件，有

$$\Re(\varepsilon(\rho)) = \sum_{kl} U_k^{\dagger} P_k F_l \sigma F_k^{\dagger} P_k U_k = \sum_{kl} \delta_{kl} d_{kk} \rho \propto \rho P\varepsilon |000\rangle \langle 000| + |0\rangle \to P_k k \tag{3-6}$$

为证明量子纠错条件（即式（3-1））的必要性，设 $\{E_i\}$ 是具有算子元 $\{R_i\}$ 的纠错运算，$\Re$ 可完美地纠正一组错误。定义量子运算 ε_c 为 $\varepsilon_c(\rho) \equiv \varepsilon(p\rho p)$。因为对所有状态 ρ，$p\rho p$ 都属于代码空间，于是对所有状态 ρ，有

$$R\big(\varepsilon_c(\rho)\big) = p\rho p \qquad (3\text{-}7)$$

进而，若式（3-7）右边和左边都是线性的，比例因子为不依赖于 ρ 的常数 c。根据运算元显式地重写式（3-7），即

$$\sum_{ij} R_j E_i P \rho P E_i^\dagger R_j^\dagger = c p \rho p \qquad (3\text{-}8)$$

这个方程对所有 ρ 都成立且可导出，具有运算元 $\{R_j E_i\}$ 的量子运算等同于具有单个运算元 $\sqrt{c}P$ 的量子运算。这意味着，存在复数 c_{ki} 使

$$\sum_{ij} R_k E_i P = c_{ki} P \qquad (3\text{-}9)$$

取式（3-9）的伴随形式得到 $P E_i^\dagger R_k^\dagger = c_{ki}^* P$，因此 $P E_i^\dagger R_k^\dagger R_k E_j p = c_{ki}^* c_{kj} P$。而 $\mathfrak{R}$ 为保迹运算，故 $\sum_k R_k^\dagger R_k = I$。将方程 $P E_i^\dagger R_k^\dagger R_k E_j p = c_{ki}^* c_{kj} P$ 对 k 求和，同时推出

$$P E_i^\dagger E_j P = \alpha_{ij} P \qquad (3\text{-}10)$$

其中，$\alpha_{ij} \equiv \sum_k c_{ki}^* c_{kj}$ 恰好为复数的 Hermite 矩阵，这就是量子纠错条件。

量子纠错条件的直接验证可以描述为一个形式化的理论，采用量子纠错条件作为构造许多有趣码类的切入点，可避免直接验证量子纠错条件的许多困难。现在，读者可以自己体会下面的例子，这个例子说明了实际的量子纠错条件。

Shor 码是一种能对单量子比特进行保护的编码方式,即使在任意错误的影响下也能保持稳定，是三量子比特相位翻转和三量子比特翻转的组合。

用相位翻转来编码量子比特，即

$$|0\rangle \to |+++\rangle, \ |1\rangle \to |---\rangle \qquad (3\text{-}11)$$

用三量子比特翻转编码所有量子比特

$$|+\rangle \to \frac{1}{\sqrt{2}}\big(|000\rangle + |111\rangle\big), |-\rangle \to \frac{1}{\sqrt{2}}\big(|000\rangle - |111\rangle\big)$$

$$|0\rangle \to |0_L\rangle = \frac{\big(|000\rangle + |111\rangle\big)\big(|000\rangle + |111\rangle\big)\big(|000\rangle + |111\rangle\big)}{2\sqrt{2}} \qquad (3\text{-}12)$$

$$|1\rangle \to |1_L\rangle = \frac{\big(|000\rangle - |111\rangle\big)\big(|000\rangle - |111\rangle\big)\big(|000\rangle - |111\rangle\big)}{2\sqrt{2}}$$

得到相应的编码逻辑态 $|0_L\rangle$ 和 $|1_L\rangle$。

Shor 码对任一量子比特的相位翻转错误和比特翻转错误都进行保护，设比特翻转出现在第一量子比特，执行 $Z_1 Z_2$，将得到

$$Z_1 Z_2 = (|00\rangle\langle00| + |11\rangle\langle11|) \otimes I - (|01\rangle\langle01| + |10\rangle\langle10|) \otimes I \qquad (3-13)$$

比较第一量子比特和第二量子比特的值，若相同，结果为 +1，否则结果为 -1。如果不同，则表示错误发生在第一或第二量子比特上。进一步执行 $Z_2 Z_3$，比较第二和第三量子比特，如果它们相同，则表明第二量子比特不可能出现翻转，第一量子比特必出现翻转。因此只要再一次翻转第一量子比特，就可从错误态中恢复到原始状态。通过执行不同操作的组合，可以检测和恢复出这些量子比特中任意受影响的量子比特。

通过类似的方法，也能检测相位翻转错误并恢复到原始状态。设相位翻转发生在第一量子比特，使结果 $(|000\rangle + |111\rangle)$ 变为 $(|000\rangle - |111\rangle)$，执行 $X_1 X_2$ 测量，比较第一个三量子比特和第二个三量子比特的正负号是否相同，若相同，结果为 +1，否则结果为 -1。在此基础上进一步执行 $X_2 X_3$ 的测量，比较第二个三量子比特和第三个三量子比特的正负号是否相同，如相同，表明相位翻转发生在第一个三量子比特上。因此，可通过对第一个三量子比特进行 $HX_1 H = Z_1$ 操作，从错误态恢复为原始状态。

如果比特翻转和相位翻转同时出现在第一量子比特上，使用比特检测方法可检测出量子比特上的翻转错误并纠正，相位检测方法可检测出第一个三量子比特上的相位翻转，并对其进行纠正。如果任意类型的噪声发生在第一量子比特上，用保迹运算 ε 描述，可以将 ε 展开为一组涉及运算元 $\{E_i\}$ 的算子和形式。设噪声作用前的量子比特为 $|\psi\rangle = a|0_L\rangle + |1_L\rangle$，噪声作用后量子比特为 $\varepsilon(|\psi\rangle\langle\psi|) = \sum_i E_i |\psi\rangle\langle\psi| E_i^\dagger$，假设纠错作用集中在该式的第一单项上（其他项的纠错过程完全相同），如 $E_i |\psi\rangle\langle\psi| E_i^\dagger$，其中 $E_i = e_{i0} I + e_{i1} X_1 + e_{i2} Z_1 + e_{i3} X_1 Z_1$，出错的量子态可以表示为 $E_i |\psi\rangle = e_{i0} |\psi\rangle I + e_{i1} X_1 |\psi\rangle + e_{i2} Z_1 |\psi\rangle + e_{i3} X_1 Z_1 |\psi\rangle$，测量错误态，它将坍缩到 $\{|\psi\rangle, X_1 |\psi\rangle, Z_1 |\psi\rangle, X_1 Z_1 |\psi\rangle\}$ 4 个状态之一。恢复过程由逆运算执行，因此对每个展开项进行纠错获得最终状态 $|\psi\rangle$，这些结论对其他运算元 $\{E_i\}$ 也是正确的。通过上述的纠错步骤可以纠正发生在第一量子比特上的任意错误。

进一步，如果噪声影响了多个量子比特，可以近似地假设噪声能够独立地作用于量子比特，在规定噪声下一个量子比特上的影响相对较小时，把噪声的总影响展开为零量子比特、单量子比特和双量子比特上的错误，使用以上方法对每个量子比

特纠错，最终可获得纠正的多量子比特态。

3.2.2　简并编码

量子纠错编码的研究最初是受经典纠错编码启发的。为了更好地理解量子纠错的原理和量子纠错编码的构造，下面首先介绍经典线性分组码的构造和纠错原理。

量子纠错编码在许多方面类似于经典纠错编码——首先测量错误，然后进行纠正。有一类被称为简并编码（Degenerate Code）的量子纠错编码，其具有经典纠错编码中不曾有的一个性质，下面通过 Shor 码的例子来说明其思想。考虑错误 Z_1 和 Z_2 在 Shor 码码字上的影响，与简并编码类似，这些错误对两个码字的影响是相同的。对于经典纠错编码，不同比特上的错误会导致产生不同的码字。简并编码是好坏参半的量子编码。坏的方面是指经典用于证明纠错界的某些证明方法会失效，因为它们不能被应用于简并编码；好的方面则指简并编码位于最令人感兴趣的量子编码之列。在某种意义下，简并编码比经典编码能够"把更多信息封装起来"，因为不同的错误并不能完全将代码空间映射到与其正交的空间，有可能（尽管还没有被证明）会导致简并编码比任何非简并编码更有效地来存储量子信息。

下面简单介绍简并和非简并的概念。向量空间 V 上算子 A 可用对角形式表示为

$$A = \sum_k \lambda_i |i\rangle\langle i|$$

其中，向量组 $|i\rangle$ 是 A 的特征向量，且 $|i\rangle$ 构成了一个标准正交向量组，对应的特征值为 λ_i。若一个算子能够用对角表示，称该算子为可对角化算子，有时也称为标准正交分解。

如果属于特征值 v 的特征向量 $|v\rangle$ 只有一个，或属于特征值 v 的子空间是一维的，则称特征值 v 或特征向量 $|v\rangle$ 是非简并的，否则称为简并的。简并度在简并情况下被定义为具有相同特征值的线性独立特征函数的数目。

例如，对于算子 A

$$A = \begin{pmatrix} 2 & 0 & 0 \\ 0 & 2 & 0 \\ 0 & 0 & 0 \end{pmatrix}$$

可计算出对应特征值 $v=2$，有一个二维的特征空间，其中特征向量 $(1,0,0)$ 和

(0,1,1) 称为简并，简并度为 2。

3.2.3 量子 Hamming 界

在实际应用中，通常采用"最好"的量子编码。在给定的情形中，"最好"的意思是依赖于应用的。下面将判断一种具有特定特性的码是否存在。量子 Hamming 界适用于非简并编码，能纠正 t 或更少数目的量子比特错误。一个非简并编码将 k 个量子比特编码为 n 个量子比特，设出现 j 个错误，其中 $j \leqslant t$。共有 $\binom{n}{j}$ 组可能出现错误的位置，对应每组这样的位置，会有 3 个可能的错误——Pauli 矩阵 X、Y、Z，它们可能出现在每个量子比特中，共有 3^j 个可能的错误。在 t 个或更少的量子比特上出现错误的总数为

$$\sum_{j=0}^{t} \binom{n}{j} 3^j$$

$j = 0$ 对应于"错误" I，即任何量子比特上没有错误的情况。为了以非简并编码方式来编码 k 个量子比特，每个量子比特都必须对应于一个正交的 2^k 维子空间，所有这些子空间必须置于对 n 个量子比特可利用的整个 2^n 维空间中，从而有

$$\sum_{j=0}^{t} \binom{n}{j} 3^j 2^k \leqslant 2^n$$

这就是量子 Hamming 界。举例来说，量子比特以容错方式出现，用 n 个量子比特来编码 1 个量子比特。在这种情况中，量子 Hamming 界为

$$2(1 + 3n) \leqslant 2^n$$

变换后表明，这个不等式对 $n \leqslant 4$ 的值不满足，而对 $n \geqslant 5$ 的值满足。因此，不存在用少于 5 个量子比特对 1 个量子比特编码的一种非简并编码，这种编码方式能够对抗单量子比特上所有可能错误。

当然，并非所有量子码都是非简并的，所以量子 Hamming 界并不是量子编码存在的唯一确定性界（作者还没有发现违反量子 Hamming 界的编码方式，甚至允许简并编码）。为证明量子单一界，用 n 个量子比特来编码 k 个量子比特并能纠正任何 t 个量子比特上错误的任何量子码都必须满足 $n \geqslant 4t + k$。由此导出，编码

1 个量子比特并能纠正 1 个量子比特上任意错误的最小码必须满足 $n \geq 4+1=5$。

3.2.4　量子单一界

量子纠错的信息论方法可用于证明量子纠错编码纠错能力的估界，即量子单一界。$[n,k,d]$ 使用 n 个量子比特对 k 个量子比特进行编码，能纠正定位到 $d-1$ 个量子比特上的错误。量子单一界满足 $n-k \geq 2(d-1)$。对比经典单一界，即对 $[n,k,d]$ 经典编码有 $n-k \geq d-1$ 成立。在量子编码中，$d=2t+1$，因此 $n-k \geq 4t$。对于 $k-1$ 个量子比特进行编码且能够纠正 $t(t=1)$ 个量子比特上错误的最小码必须满足 $n-1 \geq 4$，即 n 至少为 5。

量子单一界是已被证明的用于分析量子纠错的信息论技术的扩展。设编码是与系统 Q 相关联的 2^k 维子空间，具有记作 $|x\rangle$ 的标准正交基底。引入同样具有记作 $|x\rangle$ 的标准正交基底的 2^k 维参考系统 R，并考虑 RQ 的纠缠状态

$$|RQ\rangle = \frac{1}{\sqrt{2^k}} \sum_x |x\rangle|x\rangle$$

把 Q 的 n 个量子比特划分为不相交的 3 块，分别由 $d-1$ 个量子比特的 Q_1、Q_2，以及剩余的 $n-2(d-1)$ 个量子比特的 Q_3 组成。由于代码最小距离为 d，任意一组被定位的 $d-1$ 个量子比特错误可以纠正，从而可能纠正 Q_1 或 Q_2 上的错误。易知 R 和 Q_1 必为不相关的，R 和 Q_2 是相关的。基于状态 $RQ_1Q_2Q_3$ 的纯性，以及熵的次可加性，有

$$S(R) + S(Q_1) = S(R,Q_1) = S(Q_2,Q_3) \leq S(Q_2) + S(Q_3)$$

$$S(R) + S(Q_2) = S(R,Q_2) = S(Q_1,Q_3) \leq S(Q_1) + S(Q_3)$$

将上述不等式相加，得到

$$2S(R) + S(Q_1) + S(Q_2) \leq S(Q_1) + S(Q_2) + 2S(Q_3)$$

经过消元法并代入 $S(R)=k$，得到 $k \leq S(Q_3)$。但 Q_3 的大小是 $n-2(d-1)$ 个量子比特，于是 $S(Q_3) \leq n-2(d-1)$，从而 $k \leq n-2(d-1)$，故 $2(d-1) \leq n-k$，即量子单一界。

考虑去极化信道 $\varepsilon(\rho) = p\rho + (1-p)/3(X\rho X + Y\rho Y + Z\rho Z)$，设去极化信道在

n 个量子比特上独立作用。如果 $p<3/4$，那么超过 $1/4$ 的量子比特将发生错误，则从错误中恢复的量子比特有 $t>n/4$。但量子单一界满足 $n-k \geqslant 4t>n$，且 k 为非负，即此时不可能对任何量子比特进行编码。因此，当 $p<3/4$ 时，量子单一界中去极化信道的量子信息容量为零。

3.3 量子 CSS 码

CSS 码[1-2]是量子纠错编码大类众多重要例子中的一个，由发明者姓名的首字母所命名。CSS 码是一般类稳定子码[3-5]的一个重要子类。

令 $[n,k_1]$ 和 $[n,k_2]$ 经典线性码为 C_1 和 C_2，有 $C_2 \subset C_1$，且 C_1 和 $C_2^{\perp}$ 可纠正 t 个比特上的错误。通过定义一个 $[n,k_1-k_2]$ 的量子 CSS 码 $\mathrm{CSS}(C_1,C_2)$，即 C_2 上 C_1 的量子 CSS 码，使其能纠正 t 个量子比特上的错误。设 $x \in C_1$ 为 C_1 中的任一码字，则定义量子状态 $|x+C_2\rangle$ 为

$$|x+C_2\rangle \equiv \frac{1}{\sqrt{|C_2|}} \sum_{y \in C_2} |x+y\rangle \tag{3-14}$$

其中，"$+$" 是指比特的模 2 方式相加。设 x' 为 C_1 的一个码字，使得 $x-x' \in C_2$。那么，容易得到 $|x+C_2\rangle = |x'+C_2\rangle$，因此状态 $|x+C_2\rangle$ 只依赖于 x 所在的陪集 C_1/C_2，这同时解释了已用于 $|x+C_2\rangle$ 的陪集符号，表示 $x+C_2$ 所有可能的量子码字。进而，如果 x 和 x' 属于 C_2 的不同陪集，那么不存在 $y,y' \in C_2$ 使得 $x+y=x'+y'$，因而 $|x+C_2\rangle$ 和 $|x'+C_2\rangle$ 为正交状态。$\mathrm{CSS}(C_1,C_2)$ 就定义为由所有 $x \in C_1$ 的状态 $|x+C_2\rangle$ 所张成的向量空间。C_1 中 C_2 陪集的数目为 $|C_1|/|C_2|$，所以 $\mathrm{CSS}(C_1,C_2)$ 的维数为 $|C_1|/|C_2|=2^{k_1-k_2}$，因此 $\mathrm{CSS}(C_1,C_2)$ 是一个 $[n,k_1-k_2]$ 量子码。

可以利用 C_1 和 $C_2^{\perp}$ 的经典纠错性质来检测和纠正错误。通过 C_1 和 $C_2^{\perp}$ 的纠错性质，有可能对 $\mathrm{CSS}(C_1,C_2)$ 上最多 t 个量子比特的比特翻转错误和相位翻转错误进行纠错。设比特翻转错误由 n 个比特的向量 e_1 来描述，且在比特翻转出现的量子位上为 1，在其他量子位上为 0。相位翻转错误由 n 个比特的向量 e_2 来描述，且在相位翻转出现的量子位上为 1，在其他量子位上为 0。如果 $|x+C_2\rangle$ 为原始状态，那么受影响后的状态为

$$\frac{1}{\sqrt{|C_2|}}\sum_{y \in C_2}(-1)^{(x+y)e_2}|x+y+e_1\rangle \tag{3-15}$$

为检测比特翻转发生的位置，引入一个包含足够多量子比特的辅助码来存储 C_1 的错误信息，且初始处于全零态 $|0\rangle$。采用可逆计算，即对 C_1 应用奇偶校验矩阵 H_1，把 $|x+y+e_1\rangle|0\rangle$ 变到 $|x+y+e_1\rangle|H_1(x+y+e_1)\rangle = |x+y+e_1\rangle|H_1 e_1\rangle$。这个运算的作用是产生状态

$$\frac{1}{\sqrt{|C_2|}}\sum_{y \in C_2}(-1)^{(x+y)e_2}|x+y+e_1\rangle|H_1 e_1\rangle \tag{3-16}$$

对比特翻转的错误检测是通过测量辅助码得到结果 $H_1 e_1$ 并消去辅助码而完成的，并给出状态为

$$\frac{1}{\sqrt{|C_2|}}\sum_{y \in C_2}(-1)^{(x+y)e_2}|x+y+e_1\rangle \tag{3-17}$$

C_1 最多能纠正 t 个量子比特错误，得到错误信息 $H_1 e_1$ 后，就可以推断错误 e_1 的情况，这就完成了错误检测。恢复操作可简单地通过对错误 e_1 中出现比特翻转的位置上应用非门而执行，消去所有比特翻转错误后得到状态

$$\frac{1}{\sqrt{|C_2|}}\sum_{y \in C_2}(-1)^{(x+y)e_2}|x+y\rangle \tag{3-18}$$

为检测相位翻转错误，对每个量子比特应用 Hadamard 门，把状态变为

$$\frac{1}{\sqrt{|C_2|2^n}}\sum_{z}\sum_{y \in C_2}(-1)^{(x+y)(e_2+z)}|z\rangle \tag{3-19}$$

即取 n 个量子比特 z 的所有可能值并求和。令 $z' \equiv z + e_2$，则这个状态可重写为

$$\frac{1}{\sqrt{|C_2|2^n}}\sum_{z'}\sum_{y \in C_2}(-1)^{(x+y)z'}|z'+e_2\rangle \tag{3-20}$$

设 $z' \in C_2^\perp$，则容易看到 $\sum_{y \in C_2}(-1)^{yz'} = |C_2|$，而若 $z' \notin C_2^\perp$ 则 $\sum_{y \in C_2}(-1)^{yz'} = 0$。因此，状态可重写为

$$\frac{1}{\sqrt{2^n/|C_2|}}\sum_{z'\in C_2^\perp}(-1)^{xz'}\left|z'+e_2\right\rangle \tag{3-21}$$

这是由向量 e_2 描述的相位翻转错误。针对相位翻转的错误检测，在此引入一个辅助码并对 $C_2^\perp$ 逆向地应用奇偶校验矩阵 H_2 以得到 H_2e_2，纠正相位翻转错误 e_2，得到状态

$$\frac{1}{\sqrt{2^n/|C_2|}}\sum_{z'\in C_2^\perp}(-1)^{xz'}\left|z'\right\rangle \tag{3-22}$$

恢复操作可通过再一次对每个量子比特应用 Hadamard 门而完成或者根据 $e_2=0$ 时式（3-22）中的状态应用 Hadamard 门。由于 Hadamard 门是不可逆的，这就回到了 $e_2=0$ 时式（3-18）中的状态

$$\frac{1}{\sqrt{|C_2|}}\sum_{y\in C_2}\left|x+y\right\rangle \tag{3-23}$$

这就是初始编码后的状态。

错误检测和恢复操作步骤仅要求应用 Hadamard 门和受控非门，在每种情况中门的数目和码的大小呈线性关系。

3.4 量子稳定子码的对易和矢量偶

一个 $[[n, k]]$ 量子稳定子码 $C(S)$ 可定义为

$$C(S)=\{\left|\psi_i\right\rangle:M\left|\psi_i\right\rangle=\left|\psi_i\right\rangle,\forall M\in S\}$$

其中，k 为编码前量子比特长度，n 为编码后量子比特长度，$\left|\psi_i\right\rangle$ 为一个量子比特。向量空间 V_S 是 n 个量子比特 Pauli 群 G_n 的子群；稳定子 $S=\left\{\prod_{i=1}^{n-k}M_i^{x_i},x_i\in\{0,1\},i=1,\cdots,n-k\right\}$ 具有 $n-k$ 个独立的、相互对易的生成元。Pauli 群 G_n 由 Pauli 矩阵的所有 n 倍张量积组成，为了保证 G_n 构成一个满足群规则的群，允许乘积因子 ±1、$\pm i$ 包含于群内。稳定子码编码计算式为

$$|x_1\cdots x_k\rangle = \left[\prod_{i=1}^{n-k}(I+M_i)\right]\overline{X_1^{x_1}}\cdots\overline{X_k^{x_k}}|0\cdots0\rangle = \overline{X_1^{x_1}}\cdots\overline{X_k^{x_k}}\left(\sum_{M\in W}M_i|0\cdots0\rangle\right)$$

其中，$\overline{X_i}$ 为对上述的比特翻转酉变换，$x_i\in\{0,1\}$。对于一个量子比特在传输过程中发生的错误 $E_i\subseteq G_n$，若有

$$[E_i,M_i]=E_iM_i-M_iE_i=0$$

则说明错误 E_i 与稳定子生成元 M_i 对易。当错误相互对易的稳定子生成元作用于此错误时，那么量子比特的特征值将不会发生改变。

若有

$$\{E_i,M_i\}=E_iM_i+M_iE_i=0$$

则说明错误 E_i 与稳定子生成元 M_i 反对易。当错误反对易的稳定子生成元作用于此错误时，可以测得出现错误的量子比特的特征值由 +1 变为 −1。

设 G_n 为 n 阶群，S 为 n 个量子比特 Pauli 群 G_n 的一个 Abel 子群，对于任意的稳定子元素 M（$M\in S$），使用 M 的矢量辛表示，G_n 中两个元素的乘法可以映射到向量空间中的向量加法，可以表示为

$$MM^{\mathrm{T}}=(\alpha\mid\beta)(\alpha^{\mathrm{T}}\mid\beta^{\mathrm{T}})=(-1)^{\alpha^{\mathrm{T}}\cdot\beta}(\alpha\oplus\alpha^{\mathrm{T}}\mid\beta\oplus\beta^{\mathrm{T}})$$

其中，M 表示在相同的位置上，X 算子和 Z 算子之间的奇偶性关系。

设 $|\psi\rangle$ 是一个量子态，满足 $C(S)=\{|\psi\rangle:M|\psi\rangle=|\psi\rangle,\forall M\in S\}$，且 $S=\left\{\prod_{j=1}^{n-k}M_j^{b_j},b_j\in\{0,1\},j=1,\cdots,n-k\right\}$，则 $C(S)$ 为稳定子码。由 $M|\psi\rangle=|\psi\rangle$ 可以推断出 $M^2|\psi\rangle=|\psi\rangle$，由此可知，$M^2=I$。可得 $MM=(\alpha\mid\beta)(\alpha\mid\beta)=(-1)^{\alpha\cdot\beta}$ $(\alpha\oplus\alpha\mid\beta\oplus\beta)$，这里 $\alpha\cdot\beta=\sum_{i=1}^{n}\alpha_i\cdot\beta_i$。因为稳定子元素是相互对易的，对于任意的稳定子元素 M 和 M^{T}，满足 $MM^{\mathrm{T}}=M^{\mathrm{T}}M$。易知 $MM^{\mathrm{T}}=(-1)^{\alpha^{\mathrm{T}}\cdot\beta\oplus\alpha\cdot\beta^{\mathrm{T}}}M^{\mathrm{T}}M$，从而 $\alpha^{\mathrm{T}}\cdot\beta\oplus\alpha\cdot\beta^{\mathrm{T}}=0$。

设 $G=\{\pm I,\pm iI,\pm X,\pm iX,\pm Y,\pm iY,\pm Z,\pm iZ\}$，其中 I 是单位矩阵，X、Y、Z 是 Pauli 矩阵。$G_n=\{P_1\otimes P_2\otimes\cdots\otimes P_n:P_j\in G,j=1,2,\cdots,n\}$，则 G_n 是二进制向量空间 V 的 2^n 个向量所构成的群。由于稳定子码的生成元由 X、Y、Z 3 个算子组成，对于 $Y=ZX=-XZ$，如果"−"可以忽略，那么 $M_1,M_2,M_3,\cdots,M_{n-k}$ 可以表示为矢量偶

的 $(n-k) \times 2n$ 的量子校验矩阵，即

$$\begin{pmatrix} M_1 \\ M_2 \\ M_3 \\ \vdots \\ M_{n-k} \end{pmatrix} \Leftrightarrow \left(H_Z \mid H_X \right) = \begin{pmatrix} h_1 \\ h_2 \\ h_3 \\ \vdots \\ h_{n-k} \end{pmatrix}$$

其中，H_X 和 H_Z 分别表示 $M_1, M_2, M_3, \cdots, M_{n-k}$ 的比特翻转和相位翻转。稳定子码的矢量偶表示为

$$h_i = (\alpha_i \mid \beta_i)$$

$$\alpha_i = (\alpha_{i1}, \alpha_{i2}, \alpha_{i3}, \cdots, \alpha_{in}) \in H_Z$$

$$\beta_i = (\beta_{i1}, \beta_{i2}, \beta_{i3}, \cdots, \beta_{in}) \in H_X$$

$$\alpha_{ij}, \beta_{ij} \in \{0,1\}, \quad j = 1, 2, 3, \cdots, n$$

量子校验矩阵的生成元 M_i 与行向量 $h_i = \left(a_i \mid \beta_i \right)$ 之间的对应关系为

$$M_i = \pm (Z^{\alpha_{i1}} X^{\beta_{i1}}) \otimes (Z^{\alpha_{i2}} X^{\beta_{i2}}) \otimes (Z^{\alpha_{i3}} X^{\beta_{i3}}) \otimes \cdots \otimes (Z^{\alpha_{in}} X^{\beta_{in}})$$

3.5 量子 LDPC 码

量子 LDPC 码[6]是一种基于稳定子码的量子码。它既满足经典 LDPC 码的稀疏矩阵，接近 Shannon[7-8]的极限性能，又满足稳定子码的循环差集特性。根据以上结构特性，确保环长至多不超过 1。在 Tanner 图中，可以避免节点重复的问题，提高译码效率。因此，Tanner 图中量子 LDPC 码的特性为译码过程提供了基础理论。

虽然学者们基于 CSS 码构造量子 LDPC 码，但是基于 CSS 码构造的量子 LDPC 码在计算 X 错误和 Z 错误时，一次只能计算一个类型的错误，不能一次性同时计算出 X 错误和 Z 错误，因此这种构造法对于量子纠错有一定局限性。针对基于 CSS 码构造的量子 LDPC 码的局限性，学者们提出了一种解决方案：基于稳定子码的量子 LDPC 码可以一次性同时计算出 X 错误和 Z 错误，在效率上相当于双倍地提高。

通过使用 B 构造法的校验矩阵和校验矩阵转置，同时采用 U 构造法的循环稀疏序列，从而得到基于稳定子码的量子 LDPC 码的构造方法。对于基于稳定子码构

造的量子 LDPC 码，具有两方面的优势，其一是量子稳定子码在纠错和计算 X 错误、Z 错误上比 CSS 码的效率有所提高；其二是由 B 构造法和 U 构造法相结合的方法，环的个数至多只有一个。从上面两个优势可以推导得出基于稳定子码的量子 LDPC 码在译码过程中能够提高译码的准确性和效率。

1. B 构造法

B 构造法算法步骤如下。

步骤 1　随机生成一个行重为 $k/2$，长为 $N/2$ 的稀疏序列；

步骤 2　将其逐位循环，得到一个行数和列数均为 $N/2$，行重为 $k/2$ 的循环方阵 C；

步骤 3　对 C 进行转置，得到 C^{T}，将这两个矩阵合并为

$$H_0 = (C, C^{\mathrm{T}}) \tag{3-24}$$

得到一个 $N/2 \times N$ 的矩阵，其行重为 k。

根据式（3-24），在 C 中出现的每一对（每两行相同列出现 1 称之为一对）将在 C^{T} 中出现。最后从 H_0 中删除一些行，使行数等于 M，从而得到校验矩阵 H_0。

2. U 构造法

U 构造法是建立在循环稀疏序列的基础上，对于长为 N 的循环稀疏序列 S，如果满足如下条件：S 中每两个 1 所在位置相减的结果再模 N，得到的结果属于 $(0, N-1)$，且除零之外，每个数值最多出现一次，则由此序列 S 循环构成的矩阵，每两行有且只有一列同时为 1。

U 构造法步骤如下。

步骤 1　首先根据循环稀疏序列的定义生成长为 $N-1$，行重为 $k-1$ 的序列 S；

步骤 2　将 S 逐位循环，得到矩阵 H_0；

步骤 3　在 H_0 最后一列增加全为 1 的一列，以满足量子 LDPC 码校验矩阵的定义。

3.6　量子拓扑码

量子拓扑码[9-12]通常在二维晶格上定义，其量子奇偶校验在几何上具有局部性。这一特性至关重要，因为当校正子验证的量子位彼此接近时，校正子测量很容易实现。此外，拓扑的特性也为实现通用量子门带来了可能性，从而给量子拓扑码

的研究增添了益处。因此，量子 LDPC 码可以被设计为具有局部性的。此外，借助子系统代码的概念，可以将部分量子比特转换为不携带任何编码信息的测量量子比特，测量量子比特可用于"吸收"错误的影响。子系统代码允许具有较少数量的量子比特完成相互作用的校正测量。量子拓扑码的局部性和相互作用已经催生了新一代量子拓扑码——拓扑子系统代码。

3.6.1　晶格上的拓扑码

Kitaev 提出的 Toric 码、表面码和平面码更易于设计和实现[13]。Toric 码定义在具有周期性边界条件的方形晶格上，这意味着晶格具有环形的拓扑结构，如图 3-2 所示。

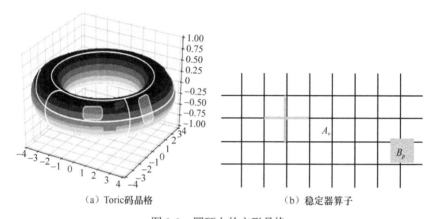

（a）Toric码晶格　　　　　　　　　（b）稳定器算子

图 3-2　圆环上的方形晶格

量子位与晶格的边缘相关联。对于一个环形上 $m \times m$ 的晶格，有 $N = 2m^2$ 个量子比特。对于每个顶点 v 和格子（或面）p，将稳定器算子定义为

$$A_v = \bigotimes_{i \in n(v)} X_i, B_p = \bigotimes_{i \in n(p)} Z_i \tag{3-25}$$

其中，X_i 和 Z_i 表示位置 i 上相应的 Pauli X 算子和 Pauli Z 算子。用 $n(v)$ 表示顶点 v 的邻域，也就是与顶点 v 相关边的集合，用 $n(p)$ 表示格子 p 的邻域，也就是环绕格子 p 的边的集合，$\otimes$ 表示张量积，根据 Pauli 算子的特性，A_v 和 B_p 是对易的。如图 3-2（b）所示，A_v 和 B_p 有零个或两个共同的边，它们就会对易（偶数个反对易的 Pauli 算子导致对易的稳定器算子）。A_v 和 B_p 是 Hermitian 的，其特征值为 +1 和 -1。H_2^N 表示 Hilbert 空间，其中 $N = 2m^2$。代码子空间 C_Q 可以定义为

$$C_Q = \left\{ |c\rangle \in H_2^N, |A_v||c\rangle = |c\rangle, B_p|c\rangle = |c\rangle; \forall v, p \right\} \qquad (3\text{-}26)$$

式（3-26）表示特征值方程，由于 A_v 和 B_p 相互对易，它们有共同的特征集。稳定器由 $S = \langle A_v, B_p \rangle$ 定义。

由于 $\prod_v A_v = I$，$\prod_p B_p = I$，有 $M = 2m^2 - 2$ 个独立的稳定器算子。编码后的信息量子比特的数量 $K = KN - M$，代码子空间维度为 $\dim C_Q = 2^{N-K} = 4$。显然这种 Toric 码具有较低的误码率。还有一个值得注意的特性是，A_v 只包含 X 算子，而 B_p 只包含 Z 算子。显然，这个 Toric 码代表了 CSS 码的一个特殊实例。

作用于 $|c\rangle$ 上的错误 E，将产生状态 $E|c\rangle$，即不一定是顶点和格子算子的特征值为 +1 的特征向量。如果 E 和 A_v 对易，则 $E|c\rangle$ 将具有 +1 的特征值；否则，它将具有 -1 的特征值。类似的结论适用于 B_p。通过对每个顶点 A_v 和格子 B_p 算子进行测量，得到校正子对 $s = (s_v, s_p)$，其中 $s_i = \pm 1$，$i \in \{v, p\}$。校正子对的交集将提供具有相同校正子的错误集，即陪集（与稳定器 S 不同的元素的错误集）。所有可能的错误中，选择最可能的错误，通常是权重最低的错误。单独考虑稳定器元素而不是成对地考虑稳定器元素，选择与校正子兼容的最可能的错误，即

$$E_{\mathrm{ML}} = \underset{E \in \xi}{\arg\max} \, P(E), \, \xi = \left\{ E \middle| EA_v = s_v A_v E, \, EB_p = s_p B_p E \right\} \qquad (3\text{-}27)$$

其中，$P(E)$ 是给定错误 E 发生的概率，E_{ML} 表示错误 E 的最大似然估计。$P(E)$ 为

$$P(E) = (1-P)^{N-w(E)} \frac{P^{w(E)}}{3} \qquad (3\text{-}28)$$

其中，$w(E)$ 表示错误 E 的权重。在概率为 $1-p$ 的情况下，量子比特不受影响，并应用概率为 $p/3$ 的 Pauli 算子 X、Y 和 Z。纠错操作是根据式（3-27）得出的 E_{ML} 进行的纠错。如果选择了适当的错误，量子信道和纠错的主要作用将是 $E^2 = \pm I$，E 表示某个错误算子，I 表示单位算子。当 $E^2 = I$ 时，E 代表一种反射或旋转操作，在操作两次后回到初始态；当 $E^2 = -I$ 时，涉及 180° 旋转或其他复杂变换，通常在扩展到复数或特定向量空间时出现。

含 Z 的算子对应于格子上的弦算子，而含 X 的算子对应于对偶格子上的弦算子。格子算子在格子上被表示为基本循环（基本环），而顶点算子则被表示为对偶格子上的基本环。三维循环和平凡循环都可以通过基本循环的乘积得到。

因此，格子算子产生了环状体上的同源三态循环群，而顶点算子产生了对偶格子上的同源三态循环。如果 E_1 和 E_2 只包含同源的平凡循环，那么两个错误算子 E_1

和 E_2 对一个码 $|c\rangle$ 的影响是一样的，则这两个错误是同源的。存在 4 个独立的算子，进行 S 到自身的映射。这些算子与 S 的所有算子（包括 A_v 的和 B_p 的）对易，但不属于 S，被称为编码的（逻辑的）Pauli 算子。编码的 Pauli 算子对应于 Z 和 X 的同源非线性循环。用 L 表示编码的 Pauli 算子的集合。因为算子 $l \in L$ 和 ls 对于每个 $s \in S$ 是等价的，所以只有同源类是重要的。相应的最大似然错误算子选择可以按式（3-29）进行计算。

$$l_{ML} = \arg\max_{l \in L} \sum_{s \in S} P\left(E = lsR(s)\right) \tag{3-29}$$

其中，$R(s)$ 是对应于校正子 s 的陪集中具有代表性的错误。纠错操作是通过应用算子 $l_{ML}R(s)$ 进行的。

按照 Bravyi 等[14]的描述来确定编码的 Pauli 算子，考虑以下形式的算子。

$$\overline{Y}(c,c') = \prod_{i \in c} Z_i \prod_{j \in c'} X_j \tag{3-30}$$

其中，c 是格子上的一个 I-循环（环），c' 是对偶格子上的一个 I-循环。可以简单地证明，$\overline{Y}(c,c')$ 与所有稳定器对易，因此它执行代码子空间 C_Q 到自身的映射。由于这种映射取决于 c 和 c' 的同源类，可以用 $\overline{Y}([c],[c'])$ 来表示编码的 Pauli 算子。$\overline{Y}([c],[c'])$ 是形成 $L(C_Q)$ 的线性基础。编码的 Pauli 算子 $\overline{X_1}(0,[c'_1])$、$\overline{X_1}(0,[c'_2])$、$\overline{Z_1}([c_1],0)$ 和 $\overline{Z_2}([c_2],0)$ 可以作为 $L(C_Q)$ 的生成器，其中 c_1, c_2 是原格子上的循环，c'_1, c'_2 是对偶格子上的循环。

3.6.2　边界上的拓扑码

下面说明边界上的拓扑码。不考虑环形上的晶格，只考虑平面上的有限方形晶格。由此可以引入两种类型的边界：图 3-3（a）的 Z 型边界和图 3-3（b）的 X 型边界。

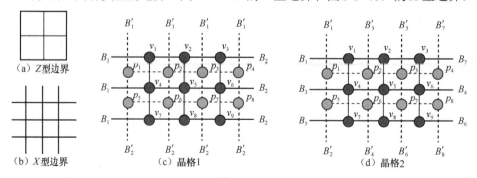

图 3-3　边界上的拓扑码

最简单的边界上的拓扑码可以通过简单地交替使用 X 型和 Z 型边界得到，如图 3-3（c）和图 3-3（d）所示。由于 $n \times m$ 的晶格有 $(n+1)(m+1)$ 条水平边和 nm 条垂直边，通过将边与量子比特相关联，相应的码字长度是 $N = 2nm + n + m + 1$。稳定器的形成方式与 Toric 码非常相似。顶点和格子算子可以用式（3-25）方式定义，代码子空间可以由式（3-26）得出。边缘的自由端对稳定器没有影响。

注意：内部顶点和格子稳定器的权重为 4，而外部稳定器的权重为 3。这个量子码是不规则量子稳定器码的例子。格子和顶点稳定器的数量分别由 $n(m+1)$ 和 $(n+1)m$ 决定。例如，如图 3-3（c）所示，顶点稳定器由以下因素决定。

$$
\begin{aligned}
A_{v1} &= X_{B_1 v_1} X_{v_1 v_2} X_{v_1 v_4} \\
A_{v4} &= X_{B_1 v_4} X_{v_4 v_5} X_{v_1 v_4} X_{v_4 v_7} \\
A_{v7} &= X_{B_1 v_7} X_{v_7 v_8} X_{v_4 v_7}
\end{aligned}
\tag{3-31}
$$

$$
\begin{aligned}
A_{v2} &= X_{v_1 v_2} X_{v_2 v_3} X_{v_2 v_5} \\
A_{v5} &= X_{v_4 v_5} X_{v_5 v_6} X_{v_2 v_5} X_{v_5 v_8} \\
A_{v8} &= X_{v_7 v_8} X_{v_8 v_9} X_{v_5 v_8}
\end{aligned}
\tag{3-32}
$$

$$
\begin{aligned}
A_{v3} &= X_{v_2 v_3} X_{v_3 B_2} X_{v_3 v_6} \\
A_{v6} &= X_{v_5 v_6} X_{v_6 B_2} X_{v_3 v_6} X_{v_6 v_9} \\
A_{v9} &= X_{v_8 v_9} X_{v_9 B_2} X_{v_6 v_9}
\end{aligned}
\tag{3-33}
$$

如图 3-3（d）所示，格子稳定器由式（3-34）～式（3-36）给出。

$$
\begin{aligned}
B_{p1} &= Z_{B_1' p_1} Z_{p_1 p_5} Z_{p_1 p_2} \\
B_{p4} &= Z_{B_1' p_4} Z_{p_4 p_8} Z_{p_3 p_4} \\
B_{p7} &= Z_{p_3 p_7} Z_{p_7 B_2'} Z_{p_6 p_7} Z_{p_7 p_8}
\end{aligned}
\tag{3-34}
$$

$$
\begin{aligned}
B_{p2} &= Z_{B_1' p_2} Z_{p_2 p_6} Z_{p_1 p_2} Z_{p_2 p_3} \\
B_{p5} &= Z_{p_1 p_5} Z_{p_5 B_2'} Z_{p_5 p_6} \\
B_{p8} &= Z_{p_4 p_8} Z_{p_8 B_2'} Z_{p_7 p_8}
\end{aligned}
\tag{3-35}
$$

$$
\begin{aligned}
B_{p3} &= Z_{B_1' p_3} Z_{p_3 p_7} Z_{p_2 p_3} Z_{p_3 p_4} \\
B_{p6} &= Z_{p_2 p_6} Z_{p_6 B_2'} Z_{p_5 p_6} Z_{p_6 p_7}
\end{aligned}
\tag{3-36}
$$

从这个例子可以看出，独立稳定器的数量由 $N - K = 2nm + n + m$ 决定，所以这个编码信息的量子比特数量只有 $K = 1$ 个。编码的 Pauli 算子也可以通过式（3-30）

得到，但现在 I-循环 c（c'）被定义为在格子（双格子）边界上的弦算子。如果一个错误 E 与稳定器对易，即可以表示为式（3-30）给出算子的线性组合，那么它就是不可检测的。由于距离被定义为无法检测到的最小错误权重，I-循环 c（c'）的长度为 $(n+1)(m+1)$，最小距离由 $D = \min(n+1, m+1)$ 决定。这个量子编码的参数是 $[2nm+n+m+1, 1, \min(n+1, m+1)]$。显然，让一个维度走向无限大，最小距离将无限大，但量子误码率将趋于零。

3.7　量子表面码

表面码[15-16]背后的思想是以"同调自由度"来编码信息。为此第一步是修复嵌入在给定闭合表面中的晶格。将一个量子比特附加到每条边上，所以每个计算基础的元素以最明显的方式表示为 1 链。

$$|c\rangle := \mathop{\otimes}_{i} |c_i\rangle, \quad c \in C_1 \tag{3-37}$$

其中，i 在物理量子比特上等效于在晶格 $\{e_i\}$ 的边缘上运行。用 1 链标记 Pauli 算子 X 和 Z 的乘积，表示为

$$X_c := \mathop{\otimes}_{i} X_i^{c_i}, \quad Z_c := \mathop{\otimes}_{i} Z_i^{c_i}, \quad c \in C_1 \tag{3-38}$$

注意这些标记确实是从 C_1 到 G_n 的群同态，因为

$$X_c X_{c'} = X_{c+c'}, \quad Z_c Z_{c'} = Z_{c+c'} \tag{3-39}$$

表面码的定义由一个元素基和一个生成多项式确定（这里和本节其他地方忽略归一化）

$$|\bar{z}\rangle := \sum_{b \in B_1} |z+b\rangle, \quad \bar{z} \in H_1 \tag{3-40}$$

这是所有循环的总和形成一个给定的同源类。显然在 $\bar{z} \neq \bar{z}'$ 下有 $\langle \bar{z} | \bar{z}' \rangle = 0$。然后有 $|H_1| = 2^{2g}$，编码的量子比特数 $k=2g$。

为了初步了解表面码的性质，研究比特翻转错误的影响。根据 $X_c|b\rangle = |b+c\rangle$，有 $X_c|\bar{z}\rangle = |\bar{z}+\bar{c}\rangle$。令 $z, z' \in Z_1$，如果 $\partial c \neq 0$ 而且 $\partial(z+c) \neq 0$，$\bar{z}+\bar{c} \neq \bar{z}'$，这意味着 $\langle \bar{z}' | X_c | \bar{z} \rangle = 0$，所以 X_c 只有在 c 是循环时才能将代码映射到自身。因为

$X_b|\overline{z}\rangle=|\overline{z+\overline{b}}\rangle=|\overline{z}\rangle$，带有 b 边界的错误 X_b 可以不做任何操作。只有比特翻转错误 X_z，$z\in Z_1$ 是不可检测的。因此，发生比特翻转错误时，表面码的距离是最短非平凡循环的长度。在对偶格子中，判断两个错误对系统影响的关键在于它们能否形成最短的非平凡循环，这决定了表面码实际抵抗错误的能力。

给定一个顶点和一个格子 f。考虑格子和顶点 Pauli 算子

$$X_f := \prod_{e\in\partial_2 f} X_e, \quad Z_v := \prod_{e|v\in\partial_1 e} Z_e \tag{3-41}$$

其中，∂f 和 ∂e 作为集合。顶点和格子算子相互对易，称它们为表面码的稳定器生成器，如图 3-4 所示，可以看到顶点算子位于顶点的相交处，而格子算子位于相邻格子的交界处。式（3-38）的符号可以用式（3-41）写成 $X_f := X_{\partial f}$。

下面，考虑状态

$$|\tilde{c}\rangle := \prod_f \frac{1+X_f}{2}\prod_v \frac{1+Z_v}{2}|c\rangle, \quad c\in C_1 \tag{3-42}$$

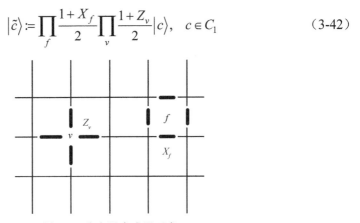

图 3-4 稳定器生成器示意

$|\tilde{c}\rangle$ 是 $|c\rangle$ 到代码子空间的投影。如果 $v\in\partial c$，$Z_v|c\rangle=-|c\rangle$，否则 $Z_v|c\rangle=|c\rangle$。如果 $\partial c\neq 0$ 则 $|\tilde{c}\rangle=0$，那么式（3-42）中的第一个乘积可以扩展为格子集的总和 $\{f_i\}$

$$\prod_f(1+X_f)=\sum_{\{f_i\}}\prod_i X_{\partial_2 f_i}=\sum_{\{f_i\}}X_{\partial_2\left(\sum_i f_i\right)}=\sum_{c_2\in C_2}X_{\partial_2 c_2} \tag{3-43}$$

因为 ∂_2 是一个群同态，可以用 ∂_2 中 1 链上的和替换 2 链上的和，最多只能替换一个因子，即在链式替换中，每次只能替换一个链上的因子，而不能同时替换多个因子。对于 $z\in Z_1$，有

$$|\tilde{z}\rangle := \prod_f \frac{(1+X_f)}{2}|z\rangle \propto \sum_{b \in B_1} X_b|z\rangle = |\bar{z}\rangle \tag{3-44}$$

从式（3-41）和式（3-40）得到相同的代码子空间。注意顶点和格子算子所起的作用不同。格子算子与 ∂_2 相关并且它们稳定了子空间的基 $|\bar{c}\rangle := \sum_{b \in B_1}|c+b\rangle, c \in C_1$。格子算子的状态应该是同源类状态的统一叠加。顶点算子与它们用基 $|z\rangle, z \in Z_1$ 来稳定子空间。也就是说，顶点算子的状态不应该有边界。

稳定器生成器并非都是独立的，可以很容易地检查出来，它们受以下两个条件的限制

$$\prod_f X_f = 1, \quad \prod_v Z_v = 1 \tag{3-45}$$

因此，有 $V+F-2$ 个独立稳定器码，编码的量子比特数为 k，与式（3-40）给出的值一致。

$$k = E - (V+F-2) = 2 - \chi = 2g \tag{3-46}$$

其中，χ 表示欧拉示性数。

给定一个嵌入表面的点阵，可以构造它的对偶点阵，如图 3-5 所示。将原始点阵的格子映射到对偶点阵中的顶点，将原始点阵的边映射到对偶点阵的边，再由这些对偶点阵中的顶点和边继续映射到双重点阵的格子结构中。下面将使用 * 来表示双重顶点 v^*、双重边 e^* 和双重格子 f^*，根据它们的相关格子 f、边 e 和顶点 v，有类似的双重边界算子作用于双链 c^*。

$$\partial_1^*: C_0^* \to C_1^*, \quad \partial_2^*: C_1^* \to C_2^* \tag{3-47}$$

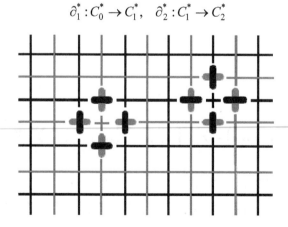

图 3-5　格子及其对偶点阵

为了简化计算，对于通用 1 链，将 c^* 和 c 视为不相关的对象。但是，对于单边 e^* 表示 e 的对偶，e^* 和 e 指的是同一个物理量子比特边界算子 ∂^* 产生对偶循环 Z_1^* 和对偶边界 B_1^* 的群，因此是同调群，有

$$H_1^* = \frac{Z_1^*}{B_1^*} \simeq H_1 \tag{3-48}$$

比较 ∂ 和 ∂^* 在各自格子上的作用，可以观察到

$$e^* \in \partial_1^* v^* \Leftrightarrow v \in \partial_1 e, f^* \in \partial_2^* e^* \Leftrightarrow e \in \partial_2 f \tag{3-49}$$

3.8 校正子与错误检测

3.8.1 校正子解码和标准阵列

如果满足伴随式方程 $s = rH^{\mathrm{T}} = 0$，则接收到的向量 $r = x + e$（x 是码字，e 是错误模式）是码字。伴随式具有以下重要性质。

（1）校正子是错误模式的唯一功能。这个性质可以很容易地从校正子的定义中证明，具体如下

$$s = rH^{\mathrm{T}} = (x + e)H^{\mathrm{T}} = xH^{\mathrm{T}} + eH^{\mathrm{T}} = eH^{\mathrm{T}} \tag{3-50}$$

（2）所有因码字而不同的错误模式都具有相同的校正子。这一性质也可以从校正子定义中得到证明。设 x_i 是第 i 个 $(i = 0,1,\cdots,2^{k-1})$ 码字。因码字不同而产生的一组错误模式称为陪集：$\{e_i = e + x_i; i = 0,1,\cdots,2^{k-1}\}$。对应于该集合中第 i 个错误模式的校正子 $s_i = r_i H^{\mathrm{T}} = (x_i + e)H^{\mathrm{T}} = x_i H^{\mathrm{T}} + eH^{\mathrm{T}} = eH^{\mathrm{T}}$ 是错误模式的唯一函数，因此来自陪集的所有错误模式都具有相同的校正子。

（3）校正子仅是奇偶校验矩阵中与错误位置相对应的那些列的函数。奇偶校验矩阵 $H = [h_1 \cdots h_n]$，其中第 i 个元素 h_i 表示 H 的第 i 列。基于错误模式 $e = [e_1 \cdots e_n]$，以下计算式是有效的

$$s = eH^{\mathrm{T}} = \begin{bmatrix} e_1 & e_2 & \dots & e_n \end{bmatrix} \begin{bmatrix} h_1^{\mathrm{T}} \\ h_2^{\mathrm{T}} \\ \vdots \\ h_n^{\mathrm{T}} \end{bmatrix} = \sum_{i=1}^{n} e_i h_i^{\mathrm{T}} \tag{3-51}$$

（4）在满足 Hamming 界的条件下，使用伴随式解码，(n,k) 线性码最多可以纠正 t 个错误。通过使用 $(2,2^k)$ 个码字将所有接收到的字的空间划分为 2^k 个不相交的子集。子集中的任何接收字都将被解码为唯一码字。标准数组是一种可以实现这种划分的技术，使用以下两个步骤构建。

步骤 1 写下 2^k 个码字作为第一行的元素，以全零码字作为前导元素。

步骤 2 重复步骤 2a 和 2b，直到用完所有 2^n 个码字。

步骤 2a 从剩余未使用的 n 元组中，选择权重最小的作为下一行的前导元素。

步骤 2b 通过将前导元素添加到出现在第一行中的每个非零码字，并将结果写在相应的列中来完成当前行。

通过上述步骤获得的 (n,k) 线性码的标准阵列架构如图 3-6 所示。列代表 2^k 个不相交的集合，每一行代表代码的陪集，前导元素称为陪集首领。

$X=0$	X_2	X_3	$\cdots$	X_i	$\cdots$	X_{2^k}
e^2	x_2+e^2	x_3+e^2	$\cdots$	x_i+e^2	$\cdots$	$x_{2^k}+e^2$
e^3	x_2+e^3	x_3+e^3	$\cdots$	x_i+e^3	$\cdots$	$x_{2^k}+e^3$
$\vdots$	$\vdots$	$\vdots$	$\ddots$	$\vdots$	$\ddots$	$\vdots$
e^i	x_2+e^i	x_3+e^i	$\cdots$	x_i+e^i	$\cdots$	$x_{2^k}+e^i$
e^{2^k}	$x_2+e^{2^k}$	$x_3+e^{2^k}$	$\cdots$	$x_i+e^{2^k}$	$\cdots$	$x_{2^k}+e^{2^k}$

图 3-6　标准阵列架构示意

$(5,2)$ 码 $C = \{(00000),(11010),(10101),(01111)\}$ 的标准数组在表 3-1 中给出。此代码的奇偶校验矩阵为

$$H = \begin{bmatrix} 1 & 0 & 0 & 1 & 1 \\ 0 & 1 & 0 & 1 & 0 \\ 0 & 0 & 1 & 0 & 1 \end{bmatrix} \tag{3-52}$$

因为此代码的最小距离为 3（第一、第二和第四列不为零），此代码能够纠正所有单个错误。例如，如果接收到字 01010，它将被解码为它所在列的最顶部的码

字 11010。在同一个表中，也提供了相应的校正子。

校正子解码过程如下。

步骤 1 对于接收到的向量 r，计算校正子 $s = rH^{\mathrm{T}}$。校正子和错误模式的对应关系，如表 3-1 所示，从而得到包含校正子和相应错误模式（陪集首领）的查找表（LUT）。

表 3-1 校正子和错误模式的对应关系

陪集首领	码字				校正子	错误模式
00000	00000	11010	10101	01111	000	00000
00001	00001	11011	10100	01110	101	00001
00010	00010	11000	10111	01101	110	00010
00100	00100	11110	10001	01011	001	00100
01000	01000	10010	11101	00111	010	01000
10000	10000	01010	00101	11111	100	10000
00011	00011	11001	10110	01100	011	00011
00110	00110	11100	10011	01001	111	00110

步骤 2 在以校正子 s 为特征的陪集中，确定陪集首领，例如，e_0 为陪集首领对应于发生概率最大的错误模式。

步骤 3 将接收到的向量解码为 $x = r + e_0$。例如，令上述 (5,2) 码示例的接收向量为 $r = (01010)$。校正子可以计算为 $s = rH^{\mathrm{T}} = (100)$，并且发现来自 LUT 的相应错误模式为 $e_0 = (10000)$。通过将错误模式添加到接收到的字 $x = r + e_0 = (11010)$ 获得解码字，并纠正第一位所在的错误。

标准数组可用于确定码字错误的概率，表示为

$$P_{\mathrm{w}}(e) = 1 - \sum_{i=0}^{n} \alpha_i p^i (1-p)^{n-i} \tag{3-53}$$

其中，α_i 是权重为 i 的陪集首领的数量，p 是二元对称信道（BSC）发生错误的概率，在理想对称信道中 $p^i = p$。任何不是陪集首领的错误模式都将导致解码错误。例如，(5,2) 码中陪集首领的权重分布为 $\alpha_0 = 1, \alpha_1 = 5, \alpha_2 = 2, \alpha_i = 0 (i = 3,4,5)$，这导致以下码字错误概率

$$P_{\mathrm{w}}(e) = 1 - (1-p)^5 - 5p(1-p)^4 - 2p^2(1-p)^3 \Big|_{p=10^{-3}} = 7.986 \times 10^{-6} \tag{3-54}$$

例如，Hamming $(7,4)$ 码的码字错误概率为

$$P_{\mathrm{w}}(e) = 1 - (1-p)^7 - 7p(1-p)^6 = \sum_{i=2}^{7}\binom{7}{i}p^i(1-p)^{7-i} \approx 21p^2 \tag{3-55}$$

比特和码字错误概率之间的关系为：$P_{\mathrm{b}} \approx P_{\mathrm{w}}(e)(2t+1)/n = (3/7)P_{\mathrm{w}}(e) \approx (3/7)21p^2 = 9p^2$。因此交叉概率可以表示为

$$p = \sqrt{P_{\mathrm{b}}}/3 = (1/2)\,\mathrm{erfc}\left(\sqrt{\frac{RE_b}{N_0}}\right) \tag{3-56}$$

其中，E_b 表示为了实现有效通信所需的能量，R 表示单位时间内传输的信息量。

因此，通过与带宽的比值可以很容易地计算出实现目标 P_{b} 所需的 SNR。通过获得的 SNR 与未编码二进制相移键控（BPSK）的相应 SNR 进行比较，可以得到相应的编码增益。

为了计算未检测到错误的概率，还必须确定其他码字权重。因为未检测到的错误是由与非零码字相同的错误模式引起的，所以可以通过式（3-57）计算未检测到的错误概率。

$$P_{\mathrm{u}}(e) = \sum_{i=1}^{n} A_i p^i (1-p)^{n-i} = (1-p)^n \sum_{i=1}^{n} A_i \left(\frac{p}{1-p}\right) \tag{3-57}$$

其中，A_i 表示权重为 i 的码字数。码字权重由 MacWilliams 恒等式确定，该恒等式通过在码字权重 A_i 和相应双码的码字权重 B_i 之间建立联系

$$A(z) = 2^{-(n-k)}(1+z)^n B\left(\frac{1-z}{1+z}\right), \quad A(z) = \sum_{i=0}^{n} A_i z^i, \quad B(z) = \sum_{i=0}^{n} B_i z^i \tag{3-58}$$

其中，$A(z)$ 为码字权重的多项式表示，$B(z)$ 为双码字权重的多项式表示。将式（3-58）代入 $z = p/(1-p)$ 并且知道 $A_0 = 1$，得到

$$A\left(\frac{p}{1-p}\right) - 1 = \sum_{i=1}^{n} A\left(\frac{p}{1-p}\right)^i \tag{3-59}$$

将式（3-59）代入式（3-57），得到

$$P_{\mathrm{u}}(e) = (1-p)^n \left[A\left(\frac{p}{1-p}\right) - 1\right] \tag{3-60}$$

$P_{\mathrm{u}}(e)$ 这一替代表达式可以从式（3-58）中获得，更适合 $n-k<k$ 时使用，如下

$$P_{\mathrm{u}}(e) = 2^{-(n-k)}B(1-2p) - (1-p)^n \tag{3-61}$$

对于较大的 $n, k, n-k$，使用 MacWilliams 恒等式是不切实际的，在这种情况下，应使用 (n,k) 码的未检测到错误的平均概率上限

$$\overline{P_{\mathrm{u}}}(e) \leqslant 2^{-(n-k)}[1-(1-p)^n] \tag{3-62}$$

这不仅为编码设计提供了理论依据，也指导如何调整码率和错误校正能力以实现期望性能。由此确定是否需要增加码字的冗余以提高系统的可靠性，或者调整其他参数以达到所需的传输质量。

对于一个 q 元最大距离可分（MDS）码，它满足 Singleton 界不等式，可以确定权重分布的封闭计算式

$$A_i = \binom{n}{i}(q-1)\sum_{j=0}^{i-d_{\min}}(-1)^j\binom{i-1}{j}q^{i-d_{\min}-j} \tag{3-63}$$

其中，$d_{\min}$ 是代码的最小距离，对于 $i \in [1, d_{\min}-1]$ 有 $A_0 = 1$ 和 $A_i = 0$。

3.8.2 重要的编码界限

本节描述了几个重要的编码界限，包括 Hamming、Plotkin、Gilberte-Varshamov 和 Singleton 界。Hamming 界已经引入二进制线性分组码。其中，线性分组码是一种基本的错误校正码，用于在传输或存储数字信息时检测和纠正错误。线性分组码通过对输入数据分组进行线性变换来生成冗余码字，从而提供错误检测和纠正的能力。q-ary(n,k) 的 Hamming 界为

$$\left[1 + (q-1)\binom{n}{1} + (q-1)^2\binom{n}{2} + \cdots + (q-1)^i\binom{n}{i} + \cdots + (q-1)^t\binom{n}{t}\right]q^k \leqslant q^n$$

其中，t 是错误数量，$(q-1)^i\binom{n}{i}$ 是在第 i 个符号中与给定码字不同的接收码字数。即，有 n 种选择 i 的方式，并且有 $(q-1)^i$ 种可能的符号选择。满足 Hamming 界的代码称为完美码。Hamming 码是完美码，因为 $n = 2^{n-k} - 1$ 等价于 $(1+n)2^k = 2^n$，从而使满足上述计算式。$(n,1)$ 重复码也是完美码，并且三纠错 $(23,12)$ Golay 码是完美码的另一个示例，因为

$$\left[1+\binom{23}{1}+\binom{23}{2}+\binom{23}{3}\right]2^{12}=2^{23}$$

Golay 码是一种经典的纠错码，其中著名的是 24 位二进制 Golay 码（有时称为 (23,12) Golay 码或扩展的 (24,12) Golay 码），具有很强的错误纠正能力。在这里，我们讨论三纠错的二进制 Golay 码。

Plotkin 界是码距最小的界，满足

$$d_{\min}\leqslant\frac{n2^{k-1}}{2^k-1}$$

如果将所有码字写成一个 $2^k\times n$ 矩阵的行，则每列将包含 2^{k-1} 个 0 和 2^{k-1} 个 1，所有码字的总权重为 $n2^{k-1}$。

Gilberte-Varshamov 界基于 (n,k) 码的最小距离 $d_{\min}$ 可以确定为矩阵 H 中总和为零的最小列数的属性

$$\binom{n-1}{1}+\binom{n-1}{2}+\cdots+\binom{n-1}{d_{\min}-2}<2^{n-k}-1$$

另一个重要的界限是 Singleton 界，最小码距满足

$$d_{\min}\leqslant n-k+1$$

Singleton 界中信息向量仅存在 1bit 的值为 1，如果涉及 $n-k$ 位奇偶校验，则码字中 1 的总数不能大于 $n-k+1$。满足具有等号 Singleton 界的代码称为最大距离可分（MDS）码（例如，RS 码是 MDS 码）。

3.9 小结

由于在量子态演化过程中量子系统与环境不可避免地存在相互作用，这种相互作用将引起量子系统与环境纠缠从而破坏量子态的相干性。同时，执行量子计算时，很难保证量子计算的每一步都不产生错误。借鉴经典纠错方法，量子纠错编码技术成为克服这一困难的有效手段。在量子纠错编码技术的支撑下，有限量子比特错误的容错处理能够确保量子信息在信道上的正确传输，而有限量子门错误的容错处理则可以避免量子门的错误对量子计算产生的影响。所以，

量子纠错编码技术是量子信息技术实用化的基础。本节介绍了噪声类型，以及量子稳定子码理论的基础知识，通过在多个独立错误的量子系统中对量子信息进行适当的编码，是可以保护量子信息的。此外，本节还介绍了一类由对偶经典码衍生出来的量子纠错编码，将它们用稳定器形式推导出一系列更为通用的编码。稳定器码是现实世界中许多量子纠错想法的基础，并且可以用相对简单的形式来定义。同时量子纠错理论包含许多更重要的码，例如，量子 LDPC 码、量子表面码、量子颜色码等。

参考文献

[1]　SHI J H, BAO W S. One kind of quantum CSS code for burst errors[C]//Proceedings of the 2010 International Conference on Educational and Information Technology. Piscataway: IEEE Press, 2010: V1-30-V1-33.

[2]　TANSUWANNONT T, CHAMBERLAND C, LEUNG D. Flag fault-tolerant error correction for cyclic CSS codes[EB]. 2018.

[3]　POULIN D. Stabilizer formalism for operator quantum error correction[J]. Physical Review Letters, 2005, 95(23): 230504.

[4]　BRAVYI S, KÖNIG R. Classification of topologically protected gates for local stabilizer codes[J]. Physical Review Letters, 2013, 110(17): 170503.

[5]　MATSUMOTO R. Conversion of a general quantum stabilizer code to an entanglement distillation protocol[C]//Proceedings of the IEEE International Symposium on Information Theory, Piscataway: IEEE Press, 2003: 430.

[6]　CAMARA T, OLLIVIER H, TILLICH J P. Constructions and performance of classes of quantum LDPC codes[EB]. 2005.

[7]　PARK S I, KIM H M, WU Y Y, et al. A newly designed quarter-rate QC-LDPC code for the cloud transmission system[J]. IEEE Transactions on Broadcasting, 2013, 59(1): 155-159.

[8]　SMITH B, ARDAKANI M, YU W, et al. Design of irregular LDPC codes with optimized performance-complexity tradeoff[J]. IEEE Transactions on Communications, 2010, 58(2): 489-499.

[9]　BEVERLAND M E, BROWN B J, KASTORYANO M J, et al. The role of entropy in topo-

logical quantum error correction[J]. Journal of Statistical Mechanics: Theory and Experiment, 2019(7): 073404.

[10] STEPHENS A M, MUNRO W J, NEMOTO K. High-threshold topological quantum error correction against biased noise[J]. Physical Review A, 2013, 88(6): 060301.

[11] STERN A, LINDNER N H. Topological quantum computation: from basic concepts to first experiments[J]. Science, 2013, 339(6124): 1179-1184.

[12] YAO X C, WANG T X, CHEN H Z, et al. Experimental demonstration of topological error correction[J]. Nature, 2012, 482(7386): 489-494.

[13] DENNIS E, KITAEV A, LANDAHL A, et al. Topological quantum memory[J]. Journal of Mathematical Physics, 2002, 43(9): 4452-4505.

[14] BRAVYI S, HASTINGS M B, MICHALAKIS S. Topological quantum order: stability under local perturbations[J]. Journal of Mathematical Physics, 2010, 51(9): 093512.

[15] BARENDS R, KELLY J, MEGRANT A, et al. Superconducting quantum circuits at the surface code threshold for fault tolerance[J]. Nature, 2014, 508(7497): 500-503.

[16] FOWLER A G, STEPHENS A M, GROSZKOWSKI P. High-threshold universal quantum computation on the surface code[J]. Physical Review A, 2009, 80(5): 052312.

第4章

量子计算基础

4.1 代数量子编码理论

4.1.1 量子稳定器码

符号 对于正整数 n，用 $\mathcal{B}(C^n)$ 表示 C^n 上的有界算子集。令 $\mathbb{F}_q$ 表示具有 q 个元素的有限域。使用 Dirac 符号并用 $\{|x\rangle \mid x \in \mathbb{F}_q\}$ 表示 C_q 的一个正交基，称为计算基。用 $\{|y\rangle \mid y \in \mathbb{F}_q\}$ 表示计算基的对偶基，即元素 $|y\rangle$ 是 C_q 上的线性泛函，如果 $x \neq y$，并且 $\langle x \| x \rangle = 1$，则 $\langle y \| x \rangle = 0$。按照惯例，可以将 $\langle y \| x \rangle$ 缩写为 $\langle y | x \rangle$[1]。

错误依据 令 $\mathbb{F}_q$ 为具有 q 个元素的有限域。设 p 为该域的特征数。因此，对于某个正整数 m 有 $q = p^m$。设 a 和 b 是有限域 $\mathbb{F}_q$ 的元素。在 C_q 上定义酉算子 $X(a)$ 和 $Z(b)$

$$X(a)|x\rangle = |x+a\rangle, \quad Z(b)|x\rangle = \omega^{\mathrm{Tr}(bx)}|x\rangle \tag{4-1}$$

其中，$\omega = \exp(2\pi\mathrm{i}/p)$，并且 $\mathrm{Tr}: \mathbb{F}_q \to \mathbb{F}_p$ 是 $\mathrm{Tr}(x)$ 的绝对迹线。

$$\mathrm{Tr}(x) = x + x^p + \cdots + x^{p^{m-1}} \tag{4-2}$$

C_q 上的任何酉算子都在算子 $X(a)$ 和 $Z(b)$ 的线性范围内，其中 $a,b \in \mathbb{F}_p$。事实上，这些算子能够形成一个标准正交基。

命题 4.1 集合 $\varepsilon = \left\{ X(a)Z(b) \mid a,b \in \mathbb{F}_p \right\}$ 是基于内积 $\mathcal{B}(C^q)$ 的正交基

$$\langle A | B \rangle = \frac{1}{q} \mathrm{Tr}(A^\dagger B) \tag{4-3}$$

其中，$\mathrm{Tr}(A^\dagger B) = \sum_{x \in \mathbb{F}_p} \langle x | A^\dagger B | x \rangle$ 表示算子 $A^\dagger B$ 的迹。

证明 令 $A = X(a)Z(b)$ 和 $B = X(a')Z(b')$ 是错误基 ε 的两个任意元素。如果这些元素的第一个参数不同（即 $a \neq a'$），则

$$\langle A | B \rangle = \frac{1}{q} \mathrm{Tr}\big(Z(-b)X(a'-a)Z(b') \big) = 0 \tag{4-4}$$

因为当 $a \neq a'$ 时，对于 $\mathbb{F}_q$ 中的所有 x 都有 $\langle x | Z(-b)X(a'-a)Z(b') | x \rangle = 0$。如果 A 和 B 在第一个参数中一致，但在第二个参数中不同，即当 $a = a'$ 但是 $b \neq b'$ 时，有

$$\langle A | B \rangle = \frac{1}{q} \mathrm{Tr}\big(Z(b'-b) \big) = \frac{1}{q} \sum_{x \in \mathbb{F}_p} \omega^{\mathrm{Tr}((b'-b)x)} = 0 \tag{4-5}$$

因为后者的总和是对有限域 $\mathbb{F}_q$ 的非平凡加性字符 $x \mapsto \omega^{\mathrm{Tr}((b'-b)x)}$ 的所有值的平均。A 是酉的，当 $A = B$ 时，$\langle A | A \rangle = q^{-1}\mathrm{Tr} = (A^\dagger B)\, q^{-1}\mathrm{Tr}(I) = 1$。

将集合 ε 称为 $\mathcal{B}(C^q)$ 的错误基，并将 ε 中的元素称为错误算子。在维度 $q = 2$ 中，集合 $\left\{ X(a)Z(b) \mid a,b \in \mathbb{F}_2 \right\}$ 等于 Pauli 基 $\{I, X, Z, XZ\}$。因此，$B(C^q)$ 的错误基 ε 推广了 Pauli 基。

Pauli 基的所有元素都可以换算成一个标量因子。如命题 4.2 所示，ε 中的错误算子具有相同的性质。

命题 4.2 令 a,b 为有限域 $\mathbb{F}_q$ 的元素，那么算子 $X(a)$ 和 $Z(b)$ 满足对易关系

$$\omega^{\mathrm{Tr}(ba)} X(a)Z(b) = Z(b)X(a) \tag{4-6}$$

其中，$\omega = \exp(2\pi \mathrm{i}/p)$，$p$ 表示域 $\mathbb{F}_q$ 的特征数。

证明 对于 $\mathbb{F}_q$ 中所有元素 x，可以得到 $Z(b)X(a)|x\rangle = Z(b)|x+a\rangle = \omega^{\mathrm{Tr}(b(x+a))} |x+a\rangle$ 以及 $\omega^{\mathrm{Tr}(ba)} X(a)Z(b)|x\rangle = \omega^{\mathrm{Tr}(ba)} X(a)\omega^{\mathrm{Tr}(bx)}|x\rangle = \omega^{\mathrm{Tr}(b(a+x))}|x+a\rangle$。因此，算子在生成的标准正交基上是一致的，所以它们一定是相同的。这些对易关系简化了许多计算。下面通过确定元素 $X(a)Z(b)$ 的幂来说明这一事实。

推论 4.1　令 a,b 为有限域 $\mathbb{F}_q$ 的元素，那么式（4-7）对所有正整数 n 成立。

$$\left(X(a)Z(b)\right)^n = \omega^{\mathrm{Tr}\left(\frac{(n-1)n}{2}ba\right)} X(na)Z(nb) \tag{4-7}$$

证明　如果 $n=1$，则该推论显然成立。假设该陈述对 $n-1$ 成立。那么

$$\begin{aligned}
(X(a)Z(b))^n &= (X(a)Z(b))^{n-1} X(a)Z(b) \\
&= \omega^{\mathrm{Tr}\left(\frac{(n-2)(n-1)}{2}ba\right)} X((n-1)a)Z((n-1)b)X(a)Z(b) \\
&= \omega^{\mathrm{Tr}\left(\frac{(n-2)(n-1)}{2}ba\right)} \omega^{\mathrm{Tr}((n-1)ba)} X(na)Z(nb) \\
&= \omega^{\mathrm{Tr}\left(\frac{n(n-1)}{2}ba\right)} X(na)Z(nb)
\end{aligned} \tag{4-8}$$

因此，由数学归纳法，该推论对所有正整数 n 都成立。

下面将利用集合 ε 对影响单个 q 维量子系统的错误进行离散化，将量子态上的连续错误转换为有限集上的离散错误，从而便于错误的识别和纠正。通过张量 ε 中的错误算子来获得作用于 n 个 q 维量子系统状态空间的错误算子。

首先介绍用到的一些符号。对于 $\mathbb{F}_q^n$ 中的 $a=(a_1,\cdots,a_n)$ 和 $b=(b_1,\cdots,b_n)$，定义作用于向量空间 $C^q \otimes \cdots \otimes C^q \cong C^{q^n}$ 的酉算子 $X(a)$ 和 $Z(b)$，即 $X(a)=X(a_1)\otimes\cdots\otimes X(a_n)$ 和 $Z(b)=Z(b_1)\otimes\cdots\otimes Z(b_n)$。

因此，错误算子 $X(a)$ 和 $Z(b)$ 由有限域 $\mathbb{F}_q$ 上长度为 n 的向量进行参数化。

推论 4.2　集合 $\varepsilon_n = \left\{ X(a)Z(b)\mid a,b\in\mathbb{F}_q^n \right\}$ 是 $\mathcal{B}(C^{q^n})$ 关于内积 $\langle A|B\rangle = q^{-n}\mathrm{Tr}(A^\dagger B)$ 的标准正交基。

证明　这源于命题 4.1 以及 $\mathrm{Tr}(M_1\otimes M_2)=\mathrm{Tr}(M_1)\mathrm{Tr}(M_2)$ 对 $\mathcal{B}(C^k)$ 中的算子 M_1 和 $\mathcal{B}(C^l)$ 中的 M_2 都成立。证毕。

稳定器码　考虑 n 个 q 维量子系统，这些量子系统的状态空间为

$$H = C^q \otimes \cdots \otimes C^q \cong C^{q^n} \tag{4-9}$$

一般来说，量子纠错编码的编码空间是 H 的一个非线性子空间 Q。稳定器码的理论为构建这种量子纠错编码提供了几何方法。

推论 4.3　ε_n 是 $\mathcal{B}(C^{q^n})$ 的正交基。这个错误基有一个特性，即 ε_n 中两个元素的乘积是 ε_n 中一个元素的标量倍数。然而，ε_n 不是一个群，因为它在乘法下不封闭。将错误基 ε_n 嵌入一个适当的群 $G_{n,q}$ 中是很方便的。

$\mathbb{F}_q$ 表示一个特征数为 p 的有限域，n 是一个正整数。用 $G_{n,q}$ 表示有限集

$$G_{n,q} = \begin{cases} \langle X(a), Z(b) \mid a,b \in \mathbb{F}_q^n \rangle, & p \text{是奇数} \\ \langle i_1, X(a), Z(b) \mid a,b \in \mathbb{F}_q^n \rangle, & p \text{是偶数} \end{cases}$$

回顾一下，有限群 G 的指数是最小的正整数 n，使 $x^n = 1$ 对 G 中的所有 x 都成立。群 G 的中心 $Z(G)$ 由 G 中所有与 G 全部群元素对易的元素 z 组成。用 $[x,y] = x^{-1}y^{-1}xy$ 表示 G 中两个元素 x 和 y 的对易子。之所以对易，是因为 $yx[x,y] = xy$ 对 G 中的 x 和 y 成立。群 G 的派生子群 G' 是 G 对易生成的子群，即 $G' = \langle [x,y] \mid x,y \in G \rangle$。

令 r 表示由 ε_n 生成的群的指数。群 $G_{n,q}$ 是包含错误基 ε_n 并且具有可被 r 整除的阶中心的最小群。首先给出群 $G_{n,q}$ 的一些关键性质。

命题 4.3　令 $\mathbb{F}_q$ 是特征数为 p 的有限域。如果 p 为偶数，则令 $r = 4$，如果 p 为奇数，则令 $r = p$。设 $\omega = \exp(2\pi i/p)$ 和 $\eta = \exp(2\pi i/r)$ 为复数常数，那么以下命题成立。

（i）对于 $\mathbb{F}_q^n$ 中的 a,b 和 $\{x \in \mathbf{Z} \mid 0 \le x < r\}$ 中的 c，$G_{n,q}$ 的一个元素可以写为

$$\eta^c X(a)Z(b) \tag{4-10}$$

（ii）群 $G_{n,q}$ 有 rq^{2n} 个元素。

（iii）群 $G_{n,q}$ 的指数等于 r。

（iv）$G_{n,q}$ 的中心子群等于由元素 η_1 生成的 r 阶循环群。

（v）导出的子群 $G'_{n,q}$ 等于由元素 ω_1 生成的 p 阶循环群。

（vi）正规群 $G_{n,q}/Z(G_{n,q})$ 同构于 $(\mathbb{F}_q^{2n}, +)$。

证明　这 6 个命题的证明过程分别如下。

（i）群元素的形式是命题 4.3 和群 $G_{n,q}$ 定义的结果。

（ii）（i）中给出的元素都是成对独立的，这意味着，所有这些元素不会彼此重复，因此每个元素都可以唯一地表示。

（iii）$(\eta^c X(a)Z(b))^r = X(ra)Z(rb) = 1$，因此 $G_{n,q}$ 中的每个元素的阶数都为 r。元素 η_1 的阶数为 r，因此 $G_{n,q}$ 的指数等于 r。

（iv）当且仅当 $a = 0$ 且 $b = 0$ 成立时，$G_{n,q}$ 的元素 $\eta^c X(a)Z(b)$ 与 $G_{n,q}$ 中的所有元素可对易。$G_{n,q}$ 中元素的乘法遵循 $\eta_1^r = I$，从而 $G_{n,q}$ 的中心子群由元素 η_1 生成，形成一个 r 阶循环群。

（v）令 $x=\eta^c X(a)Z(b)$ 和 $y=\eta^{c'} X(a')Z(b')$ 是 $G_{n,q}$ 中两个任意元素。那么有 $x^{-1}=Z(-b)X(-a)\eta^{-c}$ 和 $y^{-1}=Z(-b')X(-a')\eta^{-c'}$。因此，从命题 4.3 可以得出，对于 $0\le d<p$ 范围内的某个整数 d，x 和 y 的对易子的形式为 $[x,y]=x^{-1}y^{-1}xy=\omega_1^d$。由于 $G_{n,q}$ 是非 Abel 群的，因此 $G_{n,q}'=\langle\omega_1\rangle$。

（vi）对于所有 a,b,a',b' 在 $\mathbb{F}_q$ 中，根据命题 4.3 有

$$X(a)Z(b)X(a')Z(b')\equiv X(a+a')Z(b+b')\bmod Z(G_{n,q}) \tag{4-11}$$

因此，$G_{n,q}/Z(G_{n,q})\cong\mathbb{F}_q^n\times\mathbb{F}_q^n\cong\mathbb{F}_q^{2n}$。

注意：通常具有循环中心 $Z(G)$ 的 p 群 G 和派生的 p 阶子群 G' 被称为广义超特殊 p 群。因此，上述命题表明群 $G_{n,q}$ 是一个广义的超特殊 p 群。

4.1.2　循环码

本节介绍一些经典循环码（Cyclic Code）的背景知识，仅包括后续章节所需的术语和结果。关于循环码的更多细节可以参考文献[2-3]。

经典线性码 $[n,k]_q$，C_q 是向量空间 $\mathbb{F}_q^n$ 的 k 维子空间。在 C 中当且仅当每个码字 $(a_0,a_1,\cdots,a_{n-2},a_{n-1})$ 包含 $(a_{n-1},\alpha_0,a_1,a_2,\cdots,a_{n-2})$ 时，经典线性码 C 称为循环码[2,4]。

$\mathbb{F}_q$ 上长度为 n 的经典循环码更方便的代数表示如下，设

$$\langle x^n-1\rangle=\left\{q(x)(x^n-1)\big|q(x)\in\mathbb{F}_q[x]\right\} \tag{4-12}$$

表示由一元多项式环 $\mathbb{F}_q[x]$ 中的多项式 x^n-1 生成的主理想。用 R 表示商环，$R=\mathbb{F}_q[x]\big/\langle x^n-1\rangle$。定义一个双射 $p:\mathbb{F}_q^n\to R$

$$p(a_0,\cdots,a_{n-1})=\sum_{j=0}^{n-1}a_j x^j \tag{4-13}$$

可以证明 $\mathbb{F}_q$ 的非零子集 C 是循环码，当且仅当 $p(C)$ 是 R 中的理想。

由于 $\mathbb{F}_q[x]$ 是一个欧几里得域，因此 $\mathbb{F}_q[x]$ 中的每个非零理想 J 都是由 J 中包含的唯一最小度一元多项式生成的。因此，R 中的每个非零理想 I 都是 $\mathbb{F}_q[x]$ 中的理想 $J=I+\langle x^n-1\rangle$ 所包含的唯一最小度的一元多项式 $g(x)$ 的商类 $g(x)+\langle x^n-1\rangle$ 生成的主理想。

如果 C 是 $\mathbb{F}_q$ 上长度为 n 的循环码，则 $\mathbb{F}_q[x]$ 的理想 $p(C)+\langle x^n-1\rangle$ 中度数最小的唯一一元多项式 $g(x)$ 称为 C 的生成多项式。

多项式 $h(x)=(x^n-1)/g(x)$ 称为循环码 C 的校验多项式。$[n,k]_q$ 循环码有 $n-k$ 度生成多项式和 k 度校验多项式。欧几里得对偶码 $C^\perp$ 的生成多项式由 $h^\dagger(x)=x^k h(1/x)$ 给出，其生成多项式为 C 的校验多项式的倒数多项式。

生成多项式 $g(x)$ 对循环码进行了简洁的描述。如果有限域的长度 n 和大小 q 互质，则可以通过所谓的定义集来获得代码的替代描述。

假设 $\gcd(n,q)=1$，使得多项式 x^n-1 具有单根。如果 m 是最小的正整数，使得 n 整除 q^m-1，则 $\mathbb{F}_{q^m}$ 是 x^n-1 在 $\mathbb{F}_q$ 上的分裂域。域 $\mathbb{F}_{q^m}$ 包含单位 β 的原始 n 次根。可以根据定义集用生成多项式 $g(x)$ 来描述循环码

$$Z=\left\{k\,\middle|\,g(\beta^k)=0,\ 0\leqslant k<n\right\} \tag{4-14}$$

定义集取决于单位 β 根的选择。如果 α 是 $\mathbb{F}_{q^m}$ 中的另一个原始 n 次单位根，那么 $\alpha=\beta a$，对于 $1\leqslant a<n$ 范围内的某个整数 a，$\gcd(a,n)=1$ 并且关于 α 的定义集 Z_α 由 $Z_\alpha=\left\{a^{-1}k(\bmod n)\,\middle|\,k\in Z\right\}$ 给出。包含欧几里得对偶的循环码可以根据它们的生成多项式和定义集很好地描述。

引理 4.1 假设 q 是素数的幂，n 是一个正整数，$\gcd(n,q)=1$。设 C 是一个 $[n,k,d]_q$ 循环码，定义集合 Z 和生成多项式 $g(x)$，那么下面的条件是等价的。

（i）$C^\perp\subseteq C$。

（ii）$x^n-1\equiv 0\left(\bmod g(x)g^\dagger(x)\right)$，其中 $g^\dagger(x)=x^{n-k}g(1/x)$。

（iii）$Z\subseteq\{-z\mid z\in N\backslash Z\}$，其中 $N=\{0,1,\cdots,n-1\}$。

（iv）$Z\bigcap Z^{-1}=\varnothing$，其中 $Z^{-1}=\{-z(\bmod n)\mid z\in Z\}$。

如果满足上述任何一个条件，则存在一个对 d 是纯态的 $[[n,2k-n,\geqslant d]]_q$ 稳定器码。

证明 C 具有校验多项式 $h(x)=(x^n-1)/g(x)$。$C^\perp$ 的生成多项式 $h^\dagger(x)$ 是 C 的校验多项式的倒数多项式。因此，当且仅当 $h^\dagger(x)$ 是 $g(x)$ 的因式时，$C^\perp\subseteq C$，可以将 $C^\perp$ 的生成多项式 $h^\dagger(x)$ 改写为

$$h^\dagger(x)=x^k h(x^{-1})=(1-x^n)\big/(x^{n-k}g(x^{-1}))=-(x^n-1)/g^\dagger(x) \tag{4-15}$$

因此，当且仅当 $g(x)$ 能整除 $(x^n-1)/g^{\dagger}(x)$ 时，$C^{\perp} \subseteq C$ 成立。由于后一个条件等价于 $x^n - 1 \equiv 0 \pmod{g(x)g^{\dagger}(x)}$，建立了条件（i）和（ii）的等价性。

$C^{\perp}$ 的定义集由 $\{-z(\bmod n) \mid z \in N \setminus Z\}$ 给出，其中 $N = \{0,1,\cdots,n-1\}$。因此，当且仅当 $Z \subseteq \{-z(\bmod n) \mid z \in N \setminus Z\}$ 时，$C^{\perp} \subseteq C$。这证明了条件（i）和（iii）的等价性。

由于 $Z \subseteq \{-z(\bmod n) \mid z \in N \setminus Z\}$ 意味着 $Z^{-1} \subseteq N \setminus Z$，也可以用 $Z \cap Z^{-1} = \varnothing$ 的形式来表示这个条件。因此，条件（iii）和（iv）是等价的。$\left[\left[n, 2k-n, \geqslant d\right]\right]_q$ 稳定码的存在来自引理 4.1。注意引理 4.1 的条件（iii）和（iv）不依赖于原始 n 次根的选择。

4.2 错误控制线路

在单量子位算子 U 上进行测量的线路如图 4-1 所示。这个线路执行容错测量的第一个想法是将单量子位算子 U 调整为适用于多个量子位的横向控制的 U'，然后用相同的控制辅助量子位进行测量。不幸的是，这样的测量是不容错的，因为辅助量子位中的错误会影响到几个数据量子位。

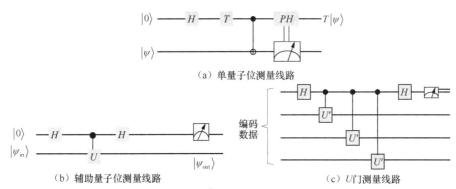

（a）单量子位测量线路

（b）辅助量子位测量线路

（c）U 门测量线路

注：H 表示 Hadamard 门，P 表示相位门，T 表示 $\frac{\pi}{4}$ 相位门。

图 4-1 测量线路

利用如图 4-2 所示的 3 个辅助量子位，可以将图 4-1（b）所示的线路转换为容错线路。这个新的线路有以下几个部分：第一个部分为制备线路生成猫态，$(\lvert 000\rangle + \lvert 111\rangle)/\sqrt{2}$；第二个部分为受控 U 门，类似于图 4-1（c）所示；第三个部分为解码器，将状态返回到原始状态，该线路与 3 个量子比特的解码器有相似之处。最终的测量可能会出现错误，为了降低其对量子比特的测量出现错误的概率，可以多次执行上述测量过程，并对最终的测量结果应用多数法则。

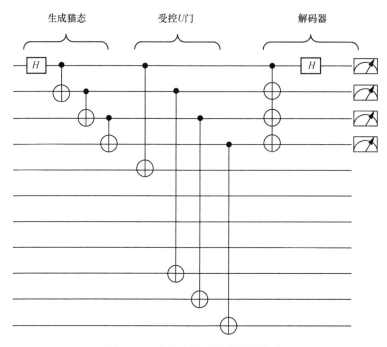

图 4-2　3 个辅助量子位的测量线路

4.2.1　量子 Pauli 门编码

错误控制的关键思想是对编码状态执行逻辑操作。对于 Steane[7,1][4-5]码的 Pauli X 和 Pauli Z 算子的编码形式为

$$\bar{X} = X_1X_2X_3X_4X_5X_6X_7, \bar{Z} = Z_1Z_2Z_3Z_4Z_5Z_6Z_7 \tag{4-16}$$

编码的 Pauli Y 门可以很容易地实现，$\bar{Y} = \bar{X}\bar{Z}$。

现在，检查编码的 Pauli 门是否是横向门。根据第 3.2 节的量子纠错理论，很明显，单量子位错误不会传播。因为每个编码门都是以比特方式实现的，所以编码的 Pauli 门是横向的，可以实现错误控制。其实现线路如图 4-3 所示。

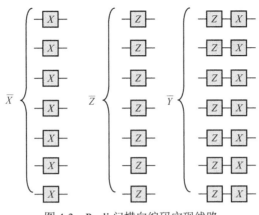

图 4-3　Pauli 门横向编码实现线路

4.2.2　量子 Hadamard 门编码

经编码的 Hadamard 门 H 应该在共轭条件下交换 X 和 Z，就像未经编码的 Hadamard 门交换 Z 和 X 一样

$$\bar{H} = H_1 H_2 H_3 H_4 H_5 H_6 H_7 \tag{4-17}$$

其中，$H_1, H_2, \cdots, H_7$ 分别表示在量子纠错编码中的每一个量子比特上施加 Hadamard 门，$\bar{H}$ 表示对整个纠错编码进行的整体操作，即将 Hadamard 门依次作用在编码的每一个量子比特上。

错误控制 Hadamard 门编码实现线路如图 4-4 所示。在量子位上发生的单一错误不会进一步传播，这表明编码的 Hadamard 门是横向的，因此可以实现错误控制。

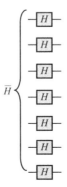

图 4-4　错误控制 Hadamard 门编码实现线路

4.2.3 量子相位门编码

在共轭条件下，相位门 P 映射 Z 到 Z，X 到 Y

$$PZP^{\dagger} = Z, \ PXP^{\dagger} = Y \qquad (4\text{-}18)$$

容错相位门 P 应该对编码的 Pauli 门执行相同的动作。$\overline{P} = P_1 P_2 P_3 P_4 P_5 P_6 P_7$ 在编码的 Pauli Z 门和 Pauli X 门上的逐位操作得到

$$\overline{P}\,\overline{Z}\,\overline{P}^{\dagger} = \overline{Z}, \ \overline{P}\,\overline{X}\,\overline{P}^{\dagger} = -\overline{Y} \qquad (4\text{-}19)$$

这说明编码的 Pauli X 门的共轭算子是不正确的，可以通过在单个 P 算子前面插入一个 Z 算子来固定，从而表示错误控制相位门，编码实现线路如图 4-5 所示。在量子位上发生的单个错误不会进一步传播，这表明该操作是横向的和容错的。

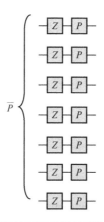

图 4-5　错误控制相位门的编码实现线路

4.2.4 量子 CNOT 门编码

一个容错的 CNOT 门如图 4-6 所示。假设量子线路 1～7 中第 i 个量子位与量子线路 8～14 中第 i 个量子位相互作用，可以清楚地看出上块第 i 个量子位的错误只会影响下块的第一个量子位，图 4-6 中的门是横向并且容错的。迄今为止所讨论的容错量子门足以实现任意编码器和解码器的容错能力。

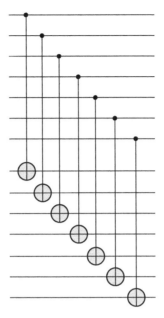

图 4-6 一个容错的 CNOT 门

4.3 Grover 算法纠缠特性

4.3.1 量子纠缠与纠缠度量

设 $\dim H_a \otimes H_b \leqslant +\infty$，$|\varphi\rangle \in H_a \otimes H_b$。若存在 $|\varphi_a\rangle \in H_a$ 和 $|\varphi_b\rangle \in H_b$，使

$$|\varphi\rangle = |\varphi_a\rangle |\varphi_b\rangle \tag{4-20}$$

则称纯态 $|\varphi\rangle$ 是可分的，或称为可分态，否则称为纠缠态。

量子态 $|\varphi\rangle = \sum_{u,v} d_{uv} |u\rangle |v\rangle$ 可分，当且仅当其系数算子 $D = \sum_{u,v} d_{uv} |u\rangle |v\rangle$ 是秩一算子。如果 D 是秩一算子，那么 $d_{uv} = a_u b_v$。显然，$|\varphi\rangle$ 可表示为

$$|\varphi\rangle = \left(\sum_u a_u |u\rangle\right) \otimes \left(\sum_v b_v |v\rangle\right) \tag{4-21}$$

这说明 $|\varphi\rangle$ 是可分态。类似地，如果存在子系统中的纯态 $|\varphi_i\rangle \in H_i$，$i \in [1, n]$，

使 $|\varphi\rangle = |\varphi_1\rangle \otimes |\varphi_2\rangle \otimes \cdots \otimes |\varphi_n\rangle$，一个多体量子态 $|\varphi\rangle \in H_1 \otimes H_2 \otimes \cdots \otimes H_n$ 称为全可分态。否则，称为不是全可分态，即纠缠态。

但是多体系统有多种可分性，引入 k- 可分。如果 $|\varphi\rangle \in H = H_1 \otimes H_2 \otimes \cdots \otimes H_n$ 可以划分为由原来的 n 个子系统重新组合后的 k 个子系统量子态 $|\varphi_i'\rangle$ 的张量积，$i = 1, 2, \cdots, k$，即 $|\varphi\rangle = |\varphi_1'\rangle \otimes |\varphi_2'\rangle \otimes \cdots \otimes |\varphi_k'\rangle$，其中 $|\varphi_i'\rangle \in H_i' = H_{i(1)} \otimes \cdots \otimes H_{i(s)}$，$\{i(1), i(2), \cdots, i(s)\} \subset \{1, 2, \cdots, n\}$，$\sum_i i(s) = n$，则称 $|\varphi\rangle$ 是 k- 可分的。显然，如果一个态是 k- 可分的，那么它一定也是 $(k-1)$- 可分的。如果对于所有 $2 \leqslant k \leqslant n$，$|\varphi\rangle$ 都不是 k- 可分的，则称其是真纠缠的。

如果用密度算子表示纯态，则纯态可分有如下等价定义。设 $\dim H_a \otimes H_b \leqslant +\infty$，$\rho = |\varphi\rangle\langle\varphi| \in S(H_a \otimes H_b)$。若存在 $|\varphi_a\rangle \in H_a$ 和 $|\varphi_b\rangle \in H_b$，使

$$\rho = \rho^a \otimes \rho^b = |\varphi_a\rangle\langle\varphi_a| \otimes |\varphi_b\rangle\langle\varphi_b| \tag{4-22}$$

则称纯态 ρ 为可分态。否则，称为纠缠态。

1989 年，混合态纠缠的定义由 Werner 首次提出。设 $\dim H_a \otimes H_b \leqslant +\infty$，$\rho \in S(H_a \otimes H_b)$。若 ρ 属于子系统中纯态的张量积凸组合的闭包（按迹范数拓扑），即 ρ 可表示为

$$\rho = \sum_i p_i \rho_i^a \otimes \rho_i^b, \sum_i p_i = 1, p_i \geqslant 0 \tag{4-23}$$

或者 ρ 可表示为上述形式态的极限（按迹范数），则称 ρ 是可分态，否则为纠缠态。特别地，若 ρ 可表示为上述形式，则称 ρ 是可数可分解的，即可数可分解态是一类可用子系统态的凸组合表示的可分态。在有限维量子系统中所有可分态都是可数可分解的，但是在无限维量子系统中确实存在非可数可分解的可分态。

混合态可分的定义：设 $\dim H_a \otimes H_b \leqslant +\infty$，$\rho \in S(H_a \otimes H_b)$。若 ρ 可表示为如下形式的 Bochner 积分

$$\rho = \int_{S_{s-p}} \rho^a \otimes \rho^b \mathrm{d}\mu(\rho^a \otimes \rho^b), \rho^a \in S_p(H_a), \rho^b \in S_p(H_b) \tag{4-24}$$

其中，μ 是 S_{s-p} 上的 Borel 概率测度，则 ρ 是可分态，否则为纠缠态。

在判定一个态是纠缠态以后，紧接着学者们考虑如何量化表示"纠缠的程度"。为此，学者们引入纠缠度的概念。纠缠度是对一个态纠缠程度的度量，或者说，指所研究的纠缠态携带纠缠的量的多少。它的目的是在不同的纠缠态之间建立可比较

的关系，是刻画纠缠的必要工具。

实际上，纠缠度就是定义域为复合系统量子态集合 $S(H_a \otimes H_b)$ 且取值为非负数的实函数。一般地，纠缠度用符号 E 来表示，即

$$E : S(H_a \otimes H_b) \to \mathbf{R}, E \geqslant 0 \qquad (4\text{-}25)$$

1997 年，Vedral 引入了纠缠度的定理，即任何满足以下基本条件的算子函数 $E(\cdot)$ 都可以作为一个合理的纠缠度。

（1）可分态的纠缠度为 0。

（2）纠缠度具有局域酉不变性，即 $E(\rho)=E(U_a \otimes U_b \rho U_a^\dagger \otimes U_b^\dagger)$ 对任意的酉算子 $U_{a,b} \in B(H_{a,b})$ 成立。

（3）纠缠度在局域操作和经典通信（LOCC）作用下是不增的，即在任意 LOCC 操作 ε 下 $E\big(\varepsilon(\rho)\big) \leqslant E(\rho)$。

由于度量的角度不同，纠缠度有不同的定义，但是作为量子纠缠的定量描述，它们都满足以上条件。此外，由于可分态可以分解为一些纯态的凸组合，这时其中某些纯态可能为纠缠态。这要求对于混合态来说纠缠度还必须满足以下条件。

（4）纠缠度是凸函数，即

$$E\left(\sum_k p_k \rho_k\right) \leqslant \sum_k p_k E(\rho_k), \rho = \sum_k p_k \rho_k, p_k \geqslant 0, \sum_k p_k = 1 \qquad (4\text{-}26)$$

（5）对于 $n \geqslant 1$ 和 $\forall \rho \in S(H_a \otimes H_b)$，有 $\dfrac{E(\rho^{\otimes n})}{n} = E(\rho)$。其中，$\rho^{\otimes n} = \rho \otimes \cdots \otimes \rho$，表示 ρ 的 n 次张量积，它表示系统 $(H_a)^{\otimes n} \otimes (H_b)^{\otimes n}$ 中的量子态。

（6）对于任意两个混合态 $\rho_1, \rho_2 \in S(H_a \otimes H_b)$，满足 $E(\rho_1 \otimes \rho_2) \leqslant E(\rho_1) + E(\rho_2)$。

通常，对于给定纠缠度 E_1 和 E_2，若对于任意纠缠态 ρ_1 和 ρ_2，都有 $E_1(\rho_1) \leqslant E_1(\rho_2) \Leftrightarrow E_2(\rho_1) \leqslant E_2(\rho_2)$，即纠缠度的大小顺序一致，则称 E_1 和 E_2 等价。对于有限维两体纯态来说，纠缠度是唯一的，即所有的纠缠度都是等价的，但是对于混合态来说，不同的纠缠度不一定等价。

通过分析 Deutsch-Jozsa 算法、Simon 算法和 Grover 算法，纠缠在量子算法优良性能方面有着重要的贡献。此外，算法中的量子系统动态演化过程表明，即使初始态和目标态通常是可分态，但中间态大多都是高度纠缠态，这说明纠缠是关键。

如果用指数级多个状态的单个粒子替换多个粒子，Grover 算法可以在没有纠缠

的情况下实现。虽然这一操作消除了量子算法中的纠缠度，但是必须考虑所需物理资源来量化算法的复杂性，并且这通常会在其他资源上产生指数级的代价。量子算法具有时间复杂度低和资源消耗少的优点，因此，纠缠在 Grover 算法中的作用引起了研究人员的极大关注，纠缠的度量方法主要包括并发纠缠、真多体纠缠（GME）、Groverian 纠缠测度等。

4.3.2　均匀叠加态下 Grover 算法中的并发纠缠测度

对于两个量子比特量子态而言，并发纠缠是量化两个量子比特间关系常用的纠缠测度法。1996 年，Bennett 等[5]研究了两个量子比特贝尔对角态的纠缠性质，并引入并发度作为衡量纠缠的一种辅助计算工具。随后，Wootters 等[6]做了进一步研究并给出两个量子比特纯态和混合态的解析表达式。因此，在迭代过程中，利用并发度衡量两个量子比特量子态的纠缠度是一种有效的方法。

对于 n 个量子比特纯态的初始态，对任意 $n-2$ 个量子比特做偏迹运算，采用的方法是将量子系统的密度矩阵切块为 $2^{n-2} \times 2^{n-2}$ 个 4×4 矩阵，对角线上的矩阵相加得到任意两个量子比特约化密度矩阵

$$
\begin{pmatrix}
a^2 + \left(\dfrac{N}{4}-1\right)b^2 & ab + \left(\dfrac{N}{4}-1\right)b^2 & ab + \left(\dfrac{N}{4}-1\right)b^2 & ab + \left(\dfrac{N}{4}-1\right)b^2 \\
ab + \left(\dfrac{N}{4}-1\right)b^2 & \dfrac{N}{4}b^2 & \dfrac{N}{4}b^2 & \dfrac{N}{4}b^2 \\
ab + \left(\dfrac{N}{4}-1\right)b^2 & \dfrac{N}{4}b^2 & \dfrac{N}{4}b^2 & \dfrac{N}{4}b^2 \\
ab + \left(\dfrac{N}{4}-1\right)b^2 & \dfrac{N}{4}b^2 & \dfrac{N}{4}b^2 & \dfrac{N}{4}b^2
\end{pmatrix}
\tag{4-27}
$$

其中，$a = \cos(\theta_0 - t\alpha), b = (1/\sqrt{N-1})\sin(\theta_0 - t\alpha)$。根据上述约化密度矩阵，即可得到并发纠缠的解析表达式[2,7]

$$
C(t) = 2\left| \cos(\theta_0 - t\alpha) - \frac{1}{\sqrt{N-1}}\sin(\theta_0 - t\alpha) \right| \frac{1}{\sqrt{N-1}}\sin(\theta_0 - t\alpha)
\tag{4-28}
$$

其中，$\theta_0 = \arctan\sqrt{N-1}, \alpha = \arctan\dfrac{2\sqrt{N-1}}{N-2}$，$t$ 是迭代次数。固定 N 后，$C(t)$ 的值

随着迭代次数的增加先增加后减少，而且呈现周期性特征。当迭代次数约为最佳迭代次数的一半时，$C(t)$ 达到局部极大值。另外，因为搜索成功概率 $P^2 = \cos^2(\theta_0 - t\alpha)$，所以并发纠缠又可以表示为关于搜索成功概率的函数

$$C(P) = 2\left(\frac{\sqrt{P(1-P)}}{\sqrt{N-1}} \pm \frac{(1-P)}{N-1}\right) \tag{4-29}$$

显然，$C(P) = 0 \Leftrightarrow P = 1$。对于不同的 N，$C(P)$ 存在最大值；随着 N 增加，$C(P)$ 的最大值降低，$N = 256$ 的情况和 $N = 2^{20}$ 的情况相差约 64 倍。当 $N \to \infty$ 时，并发纠缠的值收敛为 $2\sqrt{P(1-P)/N}$。无论并发纠缠的值有多小，它与搜索成功概率的函数关系保持不变。因此可以推断，无论这种线性量子寄存器存在的纠缠量多么小，Grover 算法总是需要某种形式的纠缠。

上述并发纠缠基于翻转量子比特自旋来定义，将自旋翻转推广到一个作用于任意维量子系统的"普通翻转"，并对 $D_1 \times D_2$ 维双量子系统中纯态引入对应的广义并发纠缠，得到高维双量子比特 I-并发纠缠的定义式

$$C = \sqrt{\frac{d}{d-1}\left(1 - \mathrm{Tr}\rho_a^2\right)} \tag{4-30}$$

任意 k 与 $n-k$ 个量子比特之间的并发纠缠表示为

$$C = \left(\frac{2^k}{2^k-1}\left[1 - \left(a^2 + \left(\frac{N}{2^k}-1\right)b^2\right)^2 - 2\left(2^k-1\right)\left(ab + \left(\frac{N}{2^k}-1\right)b^2\right)^2 - \left(1 - 2^{-k}\right)^2 N^2 b^4\right]\right)^{1/2}$$

$$\tag{4-31}$$

当 k 变化时，C 变化不大，这表明如何划分整个寄存器对任意两个子系统之间的并发纠缠值影响很小。

4.3.3　均匀叠加态下 Grover 算法中的几何纠缠测度

几何纠缠测度（Geometric Measure of Entanglement，GME）的思想是用待测量子态和与其距离最近的直积态的距离量化纠缠度，其从几何的角度提供了纠缠测度的新视角。对于某些特殊的量子态，如对称态和三量子比特态，由于其特定的对称性或结构特征，存在适用于这些态的特定纠缠度计算方法。这些方法能够简化计算

过程或提供更精确的纠缠度量化方式，与 GME 方法互补。另外，与对称态距离最近的直积态的结构同样也是对称的，这为对称态的几何纠缠测度提供理论指导。对于几何纠缠测度，现已提出许多不同的计算方法，包括基于最大施密特系数估计纠缠度的方法，以及针对量子系统部分子空间的局部优化方法等。文献[5]对这些方法进行了总结与评述，各有优缺，没有一种普适有效的方法。

几何纠缠测度用于量化和分析 Grover 算法中量子态在每次迭代后产生的纠缠。假设 n-可分态的形式为

$$|\eta\rangle = \left(\cos\frac{\phi}{2}|0\rangle + e^{i\gamma}\sin\frac{\phi}{2}|1\rangle \right)^{\otimes n} \tag{4-32}$$

这是由单量子比特可分态的张量积组成的。η 次迭代后，量子态演化为

$$|\varphi(t)\rangle = \frac{\cos\theta_t}{\sqrt{2^n-j}}|G\rangle + \frac{\sin\theta_t}{\sqrt{j}}|M\rangle \tag{4-33}$$

其中，$\theta_t = \dfrac{t+1/2}{\sin\left(2\sqrt{j/N}\right)}$，$|G\rangle$ 和 $|M\rangle$ 分别是非解集合和解集合。那么，需要找到 $|\varphi(t)\rangle$ 与 $|\eta\rangle$ 的内积的最大值。因为 $\theta_t \in \left[0, \dfrac{\pi}{2}\right]$，$|\varphi(t)\rangle$ 的系数都是正数。观察 $|\varphi(t)\rangle$ 可以发现，0 的个数和 1 的个数相等的基态有相等的概率幅。例如，$|\eta\rangle$ 中有 $\binom{n}{k}$ 个含有 $n-k$ 个 0 和 k 个 1 的基态，它们的概率幅均为 $\left(\cos\dfrac{\phi}{2}\right)^{n-k}\left(\sin\dfrac{\phi}{2}\right)^{k}$。假设数据库大小为 N，满足搜索条件的解共有 j 个，并且这些目标态中分别含有 $n_1, n_2, \cdots, n_j$ 个 0，那么它们之间的内积可以表示为

$$\langle\eta|\varphi(t)\rangle = \frac{\cos\theta_t}{\sqrt{N-j}}\left(\cos\frac{\phi}{2}+\sin\frac{\phi}{2}\right)^n + \left(\frac{\sin\theta_t}{\sqrt{j}}-\frac{\cos\theta_t}{\sqrt{N-j}}\right)\left(\sum_{i=1}^{j}\left(\cos\frac{\phi}{2}\right)^{n-n_i}\left(\sin\frac{\phi}{2}\right)^{n_i}\right)$$

$$\tag{4-34}$$

同时，几何纠缠测度中最值的问题可以转化为

$$E_n\left(|\varphi(t)\rangle\right) = 1 - \max_{\phi}\left|\langle\eta|\varphi(t)\rangle\right|^2 \tag{4-35}$$

引入参数 $t = \tan\dfrac{\phi}{2}$，代入函数后求一阶导数为零的点即可求得最大值。注意在上述推导中，直积态是 n-可分的，那么此时几何纠缠测度量化了全局量子系统中包

含的所有纠缠。即使纠缠存在于两个子系统之间，E_n 的值也不会为 0。然而，E_2 更适合量化真正的多体纠缠。当只有一个目标态时，几何纠缠测度表示为

$$E_2\left(\left|\varphi(t)\right\rangle\right)=\frac{1}{2}-\frac{1}{2}\left[1-4\frac{2^{n-1}-1}{2^n-1}\left(\cos\theta_t\right)^2\left(\frac{\cos\theta_t}{\sqrt{2^n-1}}-\sin\theta_t\right)^2\right]^{\frac{1}{2}} \quad (4-36)$$

此时

$$E_n\left(\left|\varphi(t)\right\rangle\right)\simeq\begin{cases}\left(\sin\theta_t\right)^2,\theta_t\leqslant\pi/4\\\left(\cos\theta_t\right)^2,\theta_t>\pi/4\end{cases} \quad (4-37)$$

$$E_2\left(\left|\varphi(t)\right\rangle\right)\simeq\frac{1}{2}\left[1-\left(1-\frac{1}{2}\left(\sin2\theta_t\right)^2\right)^{\frac{1}{2}}\right] \quad (4-38)$$

当有两个目标态时，几何纠缠测度表示为

$$E_2\left(\left|\varphi(t)\right\rangle\right)=1-\frac{2^n-4}{2^n-2}\left(\cos\theta_t\right)^2-\left(\frac{\cos\theta_t}{\sqrt{2^n-1}}+\frac{\sin\theta_t}{\sqrt{2}}\right)^2 \quad (4-39)$$

此时

$$E_n\left(\left|\varphi(t)\right\rangle\right)\simeq\begin{cases}\left(\sin\theta_t\right)^2,\theta_t\leqslant\arccos1/\sqrt{3}\\\dfrac{1+\left(\cos\theta_t\right)^2}{2},\theta_t>\arccos1/\sqrt{3}\end{cases} \quad (4-40)$$

$$E_2\left(\left|\varphi(t)\right\rangle\right)\simeq\frac{1}{2}\left(\sin\theta_t\right)^2 \quad (4-41)$$

因为上述两种情况说明几何纠缠测度与数据库大小 N 无关，所以当 $N\gg1$ 时，几何纠缠测度具有尺度不变性。事实上，这个结论并不准确。几何纠缠测度的函数存在一个转折点 θ_0，在转折点之前几何纠缠测度的值与 N 无关，然而，在转折点之后它依赖于 N 和目标态

$$\theta_0=\arctan\left(\frac{\sqrt{j}}{\max\limits_{\phi}\sum\limits_{i=1}^{j}\left(\cos\frac{\phi}{2}\right)^{n-n_i}\left(\sin\frac{\phi}{2}\right)^{n_i}}\right) \quad (4-42)$$

其中，n 表示叠加态的数量。

除量子态在算法过程中产生纠缠，算子作为一种物理资源，也会产生纠缠。在

Grover 算法中，迭代算子 G 可以分解为两个基本算子，即 $G = RO$，其中 O 为 Oracle 算子，R 为倒影算子。为了从算子层面探讨纠缠的产生以及损耗，利用几何纠缠测度分别研究在 Grover 算法应用过程中 O 和 R 算子在纠缠动力学中的作用。结果表明，O 算子是一个产生纠缠的纠缠操作符，而 R 算子是一个主要消耗纠缠的解纠缠操作符。在迭代过程中存在一个转折点

$$\theta_0' = \arctan \frac{\max\limits_{\alpha} \sin\left(\frac{\alpha}{2} + \frac{\pi}{4}\right)^k}{\max\limits_{\alpha} \frac{1}{\sqrt{t}} \sum\limits_{l=1}^{t} \left(\cos\frac{\alpha}{2}\right)^{k-h_l} \left(\sin\frac{\alpha}{2}\right)^{h_l}} \qquad (4\text{-}43)$$

其中，h_l 表示第 l 个叠加态对应的辅助参数。

在这个转折点之前，应用 O 算子时，纠缠度几乎总是会增加，而 R 算子对纠缠度的影响几乎可以忽略不计；在转折点之后，O 算子和 R 算子对纠缠度都起到了重要作用，确切地说，R 算子显著降低了纠缠度，而 O 算子增加了纠缠度。

4.3.4 特殊初始态下 Grover 算法中的 Groverian 纠缠测度

在最终测量时，Grover 算法能不能以较高的概率得到目标态，这与初始态是否纠缠有关。同时，最大搜索成功概率 $P_{\max}$ 是单调纠缠的，它在 LOCC 作用下不会降低，即 $P_{\max}$ 符合纠缠测度必须满足的 3 个条件，可以用于计算量子态的纠缠度，称之为 Groverian 纠缠测度。随后，它被扩展为混合量子态的纠缠测度、量子态任意划分下的纠缠测度，还被成功用来分析高度对称量子态、Shor 算法演化过程中量子态的纠缠变化，以及特殊场景下 Grover 算法中量子态的纠缠变化和量子傅里叶变换中量子态的纠缠变化。

对于多量子比特纯态，最大搜索成功概率 $P_{\max}$ 可以被用于定义一种纠缠度量——Groverian 纠缠测度。量子态 $|\varphi\rangle$ 的 Groverian 纠缠测度被定义为

$$G(\varphi) \equiv \sqrt{1 - P_{\max}(\varphi)} \qquad (4\text{-}44)$$

当初始态是 2-qubit 广义贝尔态时

$$|\varphi(0)\rangle = a_0(0)|0\rangle + a_3(0)|3\rangle, \quad P_{\max} = \max\left(|a_0(0)|^2, |a_3(0)|^2\right) \qquad (4\text{-}45)$$

当初始态是 n-qubit 广义 GHZ 态时

$$|\varphi(0)\rangle = \frac{1}{\sqrt{2}}\left(|0\cdots0\rangle + |1\cdots1\rangle\right), \quad P_{\max} = \max\left(|a_0(0)|^2, |a_{N-1}(0)|^2\right) \tag{4-46}$$

当初始态是 n-qubit 的 W 态时（W 态由含有 1 个 $|1\rangle$ 的基态组成）

$$|\varphi(0)\rangle = \frac{1}{\sqrt{n}}\sum_{k=1}^{n}\left|2^{k-1}\right\rangle, \quad P_{\max} = \left(1 - \frac{1}{n}\right)^{n-1} \tag{4-47}$$

当初始态为 3/4/5-qubit 的任意纯态时，Groverian 纠缠测度的解析表达式能够被计算出来，结果表明，测度虽然整体呈现纠缠增长的趋势，它上升到一个最大值，然后衰减，但是在每个迭代步骤中可能存在局部波动。

4.4　量子信息压缩算法

对信息进行预处理可以降低传输过程中的错误概率，并提高通信效率。本节提出了一种基于量子连续余弦变换的量子信息压缩算法。首先，制备量子信息比特串，每个信息比特中包括携带信息的比特和表示位置的比特。对信息叠加态进行量子傅里叶变换，将离散问题转化为连续问题。其次，利用离散量子漫步算法构造 Grover 算法的搜索算符。在搜索算符的基础上，加入辅助量子态和操作算符构成量子离散余弦变换算符。然后，对离散余弦变换矩阵进行连续扩展，得到连续扩展的余弦变换矩阵，对量子离散余弦变换算符进行修正，构造连续扩展的量子余弦变换算符。最后，将所制备的量子信息加入辅助位作为输入态，将振幅接近 0 的量子态映射入典型空间，完成信息压缩。

在量子通信中，制备完成的量子信息比特一般为 $|0\rangle, |1\rangle, |2\rangle, \cdots$ 这些量子态本身是一种离散变量。所提算法利用量子傅里叶变换对离散的量子信息叠加态进行相位估计，即利用傅里叶基替换原来的量子信息叠加态，然后通过量子余弦变换算符对信息比特进行压缩，具体如下。

假设量子信道传输两种纯态 $|a\rangle$ 和 $|b\rangle$，将其定义为

$$|a\rangle = |0\rangle = \begin{pmatrix} 1 \\ 0 \end{pmatrix} \tag{4-48}$$

$$|b\rangle = \sqrt{\frac{1}{2}}\left(|0\rangle + |1\rangle\right) = \sqrt{\frac{1}{2}}\begin{pmatrix} 1 \\ 1 \end{pmatrix} \tag{4-49}$$

假定两种纯态存在的概率是一样的，$p_a = p_b = 0.5$，推断其密度算符为

$$\rho = p_a|a\rangle\langle a| + p_b|b\rangle\langle b| = \frac{1}{4}\begin{pmatrix} 3 & 1 \\ 1 & 1 \end{pmatrix} \tag{4-50}$$

推导出密度算符对应的特征值以及特征向量为

$$\lambda_a = \left(1 + \frac{1}{\sqrt{2}}\right)/2 \equiv \cos^2(\pi/8), \quad |\lambda_a\rangle = \begin{pmatrix} \cos(\pi/8) \\ \sin(\pi/8) \end{pmatrix} \tag{4-51}$$

$$\lambda_b = \left(1 - \frac{1}{\sqrt{2}}\right)/2 \equiv \sin^2(\pi/8), \quad |\lambda_b\rangle = \begin{pmatrix} \sin(\pi/8) \\ -\cos(\pi/8) \end{pmatrix} \tag{4-52}$$

利用特征值和特征向量，将三维空间张量信息表示为 $|M\rangle = |aaa\rangle, |aab\rangle, |aba\rangle,$ $|abb\rangle, |baa\rangle, |bab\rangle, |bba\rangle, |bbb\rangle$。压缩信息时需要计算信息重叠度，即量子信息密度算符的特征向量与纯态信息的重叠度，计算式为

$$\left|\langle \lambda_a | a \rangle\right|^2 = \left|\langle \lambda_a | b \rangle\right|^2 \approx 0.8535 \tag{4-53}$$

$$\left|\langle \lambda_b | b \rangle\right|^2 = \left|\langle \lambda_b | a \rangle\right|^2 \approx 0.1465 \tag{4-54}$$

根据式（4-53）和式（4-54），计算出三维空间对应的信息重叠度为

$$\left|\langle \lambda_a \lambda_a \lambda_a | M \rangle\right| = \lambda_a^3 = 0.6219 \tag{4-55}$$

$$\left|\langle \lambda_b \lambda_b \lambda_b | M \rangle\right| = \lambda_b^3 = 0.0031 \tag{4-56}$$

由于不同三维空间对应的信息重叠度差异巨大，所以将上述 8 个空间划分为两类，即典型空间 $\Omega = \left\{|\lambda_a\lambda_a\lambda_a\rangle, |\lambda_a\lambda_a\lambda_b\rangle, |\lambda_a\lambda_b\lambda_a\rangle, |\lambda_b\lambda_a\lambda_a\rangle\right\}$ 和非典型空间 $\Omega^* = \left\{|\lambda_a\lambda_b\lambda_b\rangle, |\lambda_b\lambda_a\lambda_b\rangle, |\lambda_b\lambda_b\lambda_a\rangle, |\lambda_b\lambda_b\lambda_b\rangle\right\}$。根据式（4-55）和式（4-56）推断出空间对应的概率 $P(\Omega) = 0.6219 + 3 \times 0.1067 = 0.942 \equiv 1 - \delta, P(\Omega^*) = 0.0031 + 3 \times 0.0183 = 0.058 \equiv \delta$。通过幺正操作将映射在典型空间上三维信息压缩为 $|xy0\rangle \rightarrow |xy\rangle \otimes |0\rangle$，将映射在非典型空间上的三维信息压缩为 $|xy1\rangle \rightarrow |xy\rangle \otimes |1\rangle$。

4.5 基于群论的优化纠错检测

4.5.1 定义量子纠错优化问题

为了设计量子纠错（QEC）的优化问题，需要建立两个标准。首先，需要对 QEC 性能进行数值测量来对 QEC 程序的有效性进行评分，即目标函数。其次，需要定义什么是有效的 QEC 程序，即约束集。

为了定义优化问题，需要为 QEC 建立适当的性能度量。保真度定义了两个量子态之间的相似性。量子态 ρ 和 σ 具有的保真度为

$$F(\rho,\sigma)=\left(\mathrm{Tr}\sqrt{\rho^{\frac{1}{2}}\sigma\rho^{\frac{1}{2}}}\right)^{2} \tag{4-57}$$

如果 ρ 和 σ 是相同的量子态，则保真度为 1；如果它们是正交的，则保真度为 0。显然，一个成功的 QEC 系统试图保持一个量子态。因此，逻辑性能度量是最大化输入状态与恢复状态的保真度。然而，需要注意的是设计一个仅保护给定量子态的 QEC 程序是不够的。该过程必须有效地保护所有潜在的逻辑状态。$\mathcal{A}$ 代表编码器、信道和恢复的复合操作，需要一个函数来定义 $\mathcal{A}$ 的信道保真度。

将 $\mathcal{A}$ 的最小保真度定义为所有输入状态 $|\psi\rangle$ 的最坏情况，表示为

$$F_{\min}(\mathcal{A})=\min_{|\psi\rangle}F(|\psi\rangle\langle\psi|,\mathcal{A}(|\psi\rangle\langle\psi|)) \tag{4-58}$$

由于 $|\psi\rangle$ 为最小化，因此不需要对输入状态进行任何假设。这是早期 QEC 理论的度量标准，并且很好地对应了完美纠正一组错误的概念。其缺点在于度量的复杂性，实际上，计算时需要最小化所有输入。这个缺点使最小保真度成为一个难以优化的选择。

纠缠保真度和整体平均保真度都为 $\mathcal{A}$ 提供了更易于处理的指标，因为它们简化了保真度的计算过程。然而，为了使用这些指标，必须对输入状态的集合作出一定的假设。具体来说，需要定义一个由状态 ρ_i 组成的集合 E，每个状态都有输入状态的概率分布 p_i，整体平均保真度可以定义为

$$\bar{F}(E,\mathcal{A})=\sum_{i}p_{i}F\left(\rho_{i},\mathcal{A}\left(\rho_{i}\right)\right) \tag{4-59}$$

当 ρ_i 是纯态时，$\bar{F}$ 在 $\mathcal{A}$ 中是线性的。纠缠保真度是针对混合态 ρ 定义的，通

过引入参考系统来对混合态进行纯化。将 $\mathcal{L}(\mathcal{H})$ 定义为 $\mathcal{H}$ 上的有界线性算子集合，$\mathcal{H},\rho \in \mathcal{L}(\mathcal{H})$ 可以理解为 $\mathcal{H}_R \otimes \mathcal{H}$ 上的纯量子态，其中 $\mathcal{H}_R$ 是参考系，这个过程被称为纯化。如果 $|\psi\rangle \in \mathcal{H}_R \otimes \mathcal{H}$ 是 ρ 的纯态，则 $\rho = \mathrm{Tr}_{\mathcal{H}_R} |\psi\rangle\langle\psi|$。纯化捕获 ρ 中的所有信息，纠缠保真度是衡量 $\mathcal{A}$ 保持状态 $|\psi\rangle$ 的程度。纠缠保真度定义为

$$F_e(\rho,\mathcal{A}) = \langle\psi|\mathcal{F} \otimes \mathcal{A}(|\psi\rangle\langle\psi|)|\psi\rangle \tag{4-60}$$

其中，$\mathcal{F}$ 是 $\mathcal{L}(\mathcal{H}_R)$ 上的恒等映射。式（4-60）使用了 $|\psi\rangle$ 纯态，用比式（4-59）的通用混合态形式更方便的保真度方程来表达式（4-57）。对于任何输入 ρ，纠缠保真度在 $\mathcal{A}$ 中是线性的，并且是任何集合 E 的整体平均保真度的下限，使 $\sum_i p_i\rho_i = \rho$。

式（4-60）中给出的纠缠保真度的定义直观上是有用的。当给定 $\mathcal{A}$ 的算子元素 $\{A_i\}$ 时，会出现一种更简单的形式，表示为

$$F_e(\rho,\mathcal{A}) = \sum_i \left|\mathrm{Tr}(\rho A_i)\right|^2 \tag{4-61}$$

$\mathcal{A}$ 中的整体平均保真度和纠缠保真度的线性特性对于优化特别有用。它可以用于半定规划的凸优化问题，这将在第 4.5.2 节中进行总结。QEC 的优化问题理论上可以使用任一保真度度量方法求解，但本节遵循上述的引导，给出平均纠缠保真度的表达式，即

$$\bar{F}_e(E,\mathcal{A}) = \sum_i p_i F_e(\rho_i,\mathcal{A}) \tag{4-62}$$

平均纠缠保真度具有普适性，纠缠保真度或纯态的平均保真度均为平均纠缠保真度的特例。

4.5.2 完全正定保迹约束的结构

QEC 过程是由编码操作（通常是单一的）U_C 和恢复操作 $\mathcal{R}$ 组成的。在设计 QEC 系统时，假设有一个信道 $\mathcal{E}$，选择 U_C 和 $\mathcal{R}$ 时具有完全的自由度。这些操作仅受限制于它们在物理上是可实现的，同时 U_C 和 $\mathcal{R}$ 都必须是 CPTP。

CPTP 映射最常见的表示是使用算子 Sum 或 Kraus。操作 $\mathcal{A}:\mathcal{L}(\mathcal{H}) \mapsto \mathcal{L}(\mathcal{K})$ 由算子元素 $\{A_i\}$ 定义，其中输入-输出关系由 $\mathcal{A}(\rho) = \sum_i A_i\rho A_i^\dagger$ 给出。但是，算子元素并不是操作的唯一表示；$\{A_i\}$ 的单一重组形成了信道的等效算子元素表示。信道的这种多对一表示通常不便于优化。

使用 Jamiolkowski 同构对于分析和简化量子信道的表示更有用,它允许根据唯一算子 $\mathcal{A} : \mathcal{L}(\mathcal{H}) \mapsto \mathcal{L}(\mathcal{K})$ 来描述操作 $X_{\mathcal{A}} \in \mathcal{L}(\mathcal{K} \otimes \mathcal{H}^*)$,在此过程中, $X_{\mathcal{A}}$ 通常称为 Choi 矩阵,下面将遵循这一命名规则。

Jamiolkowski 同构将线性算子表示为用符号 $|\cdot\rangle\rangle$ 表示的向量。为了直观起见,下面将运算符视为矩阵,则同构等效于将所有"堆叠"在一起的矩阵元素写成一个向量。事实上,对于基向量的特定选择是同构的。但是,本节遵循约定的命名规则,以方便描述这种与基的选择无关的自然同构。为方便起见,在此重述相关结果。

用 $A = \sum_{ij} |i\rangle\langle j|$ 表示从 $\mathcal{H}$ 到 $\mathcal{K}$ 的有界线性算子(即 $A \in \mathcal{L}(\mathcal{H}, \mathcal{K})$),其中 $\{|i\rangle\}$ 和 $\{\langle j|\}$ 分别是 $\mathcal{K}$ 和 $\mathcal{H}$ 的基。令 $\mathcal{H}^*$ 是 $\mathcal{H}$ 的对偶。$\mathcal{H}^*$ 也是一个 Hilbert 空间,一般理解为 bras $\langle j|$ 的空间。如果将元素重新标记为 $\overline{|j\rangle} = \langle j|$,那么将 A 表示为空间 $\mathcal{K} \otimes \mathcal{H}^*$ 中的一个向量

$$|A\rangle\rangle = \sum_{ij} a_{ij} |i\rangle \overline{|j\rangle} \qquad (4\text{-}63)$$

需要注意,以下事实在计算中很有用。内积 $\langle\langle A|B\rangle\rangle$ 是 Hilbert-Schmidt 内积,定义为 $\text{Tr}\, A^\dagger B$。此外,对 $\mathcal{H}^*$ 的部分迹运算从一个较大的系统中提取子系统的信息,通过部分迹运算,可以推导出一些有用的量子算子关系。

$$\text{Tr}_{\mathcal{H}^*} |A\rangle\rangle\langle\langle B| = AB^\dagger \qquad (4\text{-}64)$$

最后,索引操作产生关系

$$A \otimes \overline{B} |C\rangle\rangle = |ACB^\dagger\rangle\rangle \qquad (4\text{-}65)$$

其中,$\overline{B}$ 是 B 的共轭,对于所有 $|\psi\rangle$,$\overline{B|\psi\rangle} = \overline{B}\overline{|\psi\rangle}$。$\overline{B}$ 是所有矩阵元素 $B^\dagger$ 或 $B^{\dagger\mathrm{T}}$ 的共轭。

Choi 矩阵由 $\mathcal{A}$ 的 Kraus 元素 $\{A_k\}$ 计算得到

$$X_{\mathcal{A}} = \sum_k |A_k\rangle\rangle\langle\langle A_k| \qquad (4\text{-}66)$$

输出为 $\mathcal{A}(\rho) = \text{Tr}_{\mathcal{H}^*} (I \otimes \overline{\rho}) X_{\mathcal{A}}$,CPTP 约束为 $X_{\mathcal{A}} \geqslant 0$ 且 $\text{Tr}_{\mathcal{H}^*} X_{\mathcal{A}} = I$。

关于 Choi 矩阵形式,需要说明的是,当 $\mathcal{A}$ 通过 Choi 矩阵表示时,它的纠缠保真度也可以通过该矩阵进行计算。根据 Hilbert-Schmidt 内积的定义,可以得出 $\text{Tr}\, A_i \rho = \langle\langle \rho|A_i\rangle\rangle$。将 $\mathcal{A}$ 代入 $|\rho|A_i\rangle$ 可以得到 $X_{\mathcal{A}}$ 的纠缠保真度

$$F_e(\rho, \mathcal{A}) = \sum_i \langle\langle \rho|A_i\rangle\rangle\langle\langle A_i|\rho\rangle\rangle = \langle\langle \rho|X_{\mathcal{A}}|\rho\rangle\rangle \qquad (4\text{-}67)$$

该表达式是 $|\rho\rangle\rangle$ 的二次形式，因此其在 $X_{\mathcal{A}}$ 中是线性的。给定一个集合 E，扩展到平均纠缠保真度，表示为

$$\bar{F}_e(E,\mathcal{A}) = \sum_k p_k \left\langle\left\langle \rho_k | X_{\mathcal{A}} | \rho_k \right\rangle\right\rangle \tag{4-68}$$

4.5.3 近似无退相干子空间的优化

QEC 最直接的构造是退相干之前的编码操作（通常是单一的）和之后的恢复操作。这种 QEC 的表述虽然具有较强的通用性，但它未能得到纠缠辅助 QEC、无退相干子空间（DFS）或无噪声子系统（NS）等特定的纠错方法。Vanilla QEC 通常指的是最基本的 QEC 框架，也就是标准的量子纠错编码理论，不涉及额外的复杂纠错机制（如纠缠辅助、无退相干子空间等），在此基础上，为了提升纠错性能，可以引入优化方法，如纠缠辅助或无噪声子空间扩展，这些优化方法为 Vanilla QEC 提供了更高效的扩展途径。因此 Vanilla QEC 作为基本框架，需要类似的公式形式，在更全面的 QEC 场景中进一步探索和优化。

本节概述 Yamamoto 等[8]采用的通过最大化纯度来确定信道 $\mathcal{E} \in \mathcal{L}(\mathcal{H})$ 的近似 DFS 的方法。状态 ρ 的纯度可以定义为 $p(\rho) = \mathrm{Tr}\,\rho^2$。当且仅当 ρ 是纯态时，纯度为 1；如果 $p(\mathcal{E}(|\psi\rangle\langle\psi|)) \approx 1$，表明 $\mathcal{E}$ 对 $|\psi\rangle$ 引入了非常小的退相干。所有状态的纯度都接近 1 的子空间 $\mathcal{C} \subset \mathcal{K}$ 是 DFS 的良好候选者。如果 $U_C \in \mathcal{L}(\mathcal{H},\mathcal{K})$ 是一个单一的编码操作，可以将纯度最大化问题定义为

$$\max_{U_C} \min_{|\psi\rangle \in \mathcal{H}} \mathrm{Tr}\,\mathcal{E}\left(U_C |\psi\rangle\langle\psi| U_C^\dagger\right)^2 \tag{4-69}$$

其中，最坏情况为编码在所有可能的操作 U_C 中，输入的量子态经过信道 $\mathcal{E}$ 后导致纯度最小、退相干效应最严重，这个问题很难解决。在之前的推导中，编码操作是完全正的，因此必须有 $X_{U_C} \geqslant 0$ 和 $\mathrm{Tr}_{\mathcal{K}}\,X_{U_C} = I_{\mathcal{H}}$。此外，希望编码是单一的，所以 $X_{U_C} = |U_C\rangle\langle U_C|$ 必须是一级运算符。

下面通过一个简短的转移来说明 Jamiolkowski 同构的结果。$X_{\mathcal{A}} = \sum_k |A_k\rangle\rangle\langle\langle A_k|$ 在信道 $X_{\mathcal{A}}$ 的基础上定义其替代算子 $\tilde{X}_{\mathcal{A}}$，以直观描述信道 X 对输入态 ρ 的作用，使输入态与输出态之间的数学表达形式更加简化和便于操作。注意 $|\mathcal{A}(\rho)\rangle\rangle = \sum_k |A_k \rho A_k^\dagger\rangle\rangle$，可以写为

$$|\mathcal{A}(\rho)\rangle\rangle = \sum_k A_k \otimes \overline{A_k} |\rho\rangle\rangle \equiv \tilde{X}_{\mathcal{A}} |\rho\rangle\rangle \qquad (4\text{-}70)$$

注意到 $\langle\langle\rho|\rho\rangle\rangle = \mathrm{Tr}\,\rho^2$，提供了纯度的简单表达。

最后，对于 $\rho = |\psi\rangle\langle\psi|$，可以得出 $|\rho\rangle\rangle = |\psi\rangle|\psi\rangle$。

基于上述结果，可以将式（4-69）重写为

$$\max_{\mathcal{U}_C} \min_{|\psi\rangle} \langle\psi|\langle\overline{\psi}|\tilde{X}_{\mathcal{E}}^{\dagger}\tilde{X}_{\mathcal{U}_C}^{\dagger}\tilde{X}_{\mathcal{U}_C}\tilde{X}_{\mathcal{E}}|\psi\rangle|\overline{\psi}\rangle \qquad (4\text{-}71)$$

在这种情况下，把目标函数改写为约束形式是有用的。最大化纯度意味着希望找到能够使量子态保持最大纯度的编码操作或信道选择。纯度的最大值为 1，表示量子态处于一个完美的纯态。因此，最大化纯度可以通过尽量减少对统一的背离（即量子态在通过量子信道或操作时，与理想目标态之间的偏离程度）来实现，正如 $\min_{\mathcal{U}_C,\epsilon}\epsilon$ 这样，通过最小化某个参数，找到使某个量达到最优的值。

$$\langle\psi|\langle\overline{\psi}|\tilde{X}_{\mathcal{E}}^{\dagger}\tilde{X}_{\mathcal{U}_C}^{\dagger}\tilde{X}_{\mathcal{U}_C}\tilde{X}_{\mathcal{E}}|\psi\rangle|\overline{\psi}\rangle \geq 1-\epsilon, \forall\,|\psi\rangle\in\mathcal{H} \qquad (4\text{-}72)$$

现在将目标函数写为不等式约束，该约束是线性矩阵不等式（LMI）形式。通过引入一个变量 τ，将约束写为 $T(\tilde{X}_{\mathcal{U}_C},\epsilon,\tau)\geq 0$，其中 T 是一个矩阵，它是 $\tilde{X}_{\mathcal{U}_C}$、$\epsilon$ 和 τ 的线性函数。当 $\mathcal{H}$ 是二维的（即一个量子位）时，约束是完全等价的。LMI 约束是较大子空间的精确表达式的下限。

本节选择 $\tilde{X}_{\mathcal{U}_C}$、$\epsilon$ 和 τ 使 ϵ 最小化，对 $\mathcal{U}_C$ CPTP 约束 $\mathcal{U}_C(X_{\mathcal{U}_C}\geq 0$ 和 $\mathrm{Tr}_{\mathcal{K}}X_{\mathcal{U}_C}=I_{\mathcal{H}'})$ 和 $T(\tilde{X}_{\mathcal{U}_C},\epsilon,\tau)\geq 0$ 进行纯度计算，$\mathrm{rank}(X_{\mathcal{U}_C})=1$ 为单一编码。前 3 个约束都是凸约束，但秩为 1 的约束更具挑战性。

为了找到一种计算方法，Yamamoto 等[8]提出了另一种约束条件。该条件不需要秩为 1 的 $X_{\mathcal{U}_C}$，而是联合最小化秩（$X_{\mathcal{U}_C}$）和 ϵ，其中 ϵ 被限制在 0 和 1 之间。本质上，该条件允许背离纯度（$\epsilon\geq 0$）和背离单一编码（$\mathrm{rank}(X_{\mathcal{U}_C})\geq 1$），同时最小化两者。新的目标函数是 $\mathrm{rank}(X_{\mathcal{U}_C})+\gamma\epsilon$，其中 $\gamma>0$ 是一个调整参数，用于对两个目标进行相对加权。

受凸约束的秩最小化是一个经过充分研究的问题。虽然计算全局解决方案是 NP 难的，但有明确定义的方法。这里使用 logdet 函数。在这种情况下，函数 $\log\det(X_{\mathcal{U}_C}+\delta I)$ 是 $\mathrm{rank}(X_{\mathcal{U}_C})$ 的平滑代理，其中 det 指行列式。选择常数 δ 来表示可以有效视为 0 的特征值的数量。

使用 logdet 函数，可以最小化目标函数。如果取 $\log\det(X_{\mathcal{U}_C}+\delta I)$ 关于点 X_i 的

线性展开，可以得到

$$\log\det(X_{\mathcal{U}_C}+\delta I) \approx \log\det\left(X_i+\delta I\right)+\mathrm{Tr}\left[\left(X_i+\delta I\right)^{-1}(X-X_i)\right] \qquad (4\text{-}73)$$

通过迭代线性近似最小化目标函数，遵守如下约束

$$X_{i+1}=\arg\min_{X,\epsilon}\mathrm{Tr}(X_i+\delta I)^{-1}X+\gamma\epsilon \qquad (4\text{-}74)$$

求解这个约束可以通过半定规划来完成。这里得出的迭代解是局部解，而不是全局最小值。与大多数非凸迭代优化一样，解决方案很大程度上取决于初始化点 X_0。一个相当全面的解决方案应该测试几个初始化点。

4.6 小结

本章通过初步介绍代数量子编码，将量子计算的数学部分与编码理论进行融合，把错误控制线路的基本线路门单独阐释供读者参考。特别地，本章把 Grover 算法的纠缠度分析和量子信息压缩算法做了代表性说明，以供后续实验部分参考。最后，对数学部分的群论做了检测应用，进一步展现了本书的数学、量子计算和量子信息深度融合的特点。

参考文献

[1] HOGG T. Solving highly constrained search problems with quantum computers[J]. Journal of Artificial Intelligence Research, 1999(10): 39-66.

[2] LUO J Q, FENG K Q. On the weight distributions of two classes of cyclic codes[J]. IEEE Transactions on Information Theory, 2008, 54(12): 5332-5344.

[3] CALDERBANK A R, SLOANE N J A. Modular and p-adic cyclic codes[J]. Designs, Codes and Cryptography, 1995, 6(1): 21-35.

[4] 孙吉贵, 何雨果. 量子搜索算法[J]. 软件学报, 2003, 14(3): 334-344.

[5] BENNETTC H, BRASSARD G, POPESCU S, et al. Purification of noisy entanglement and faithful teleportation via noisy channels[J]. Physical Review Letters, 1996, 76(5): 722.

[6] WOOTERS W K. Entanglement of formation of an arbitrary state of two qubits[J]. Physical Review Letters, 1998, 80(10): 2245.

[7] 李承祖. 量子通信和量子计算[M]. 长沙: 国防科技大学出版社, 2000.

[8] AMAMOTO N; FAZEL M. Computational approach to quantum encoder design for purity optimization[J]. Physical Review A, 2007(76): 012327.

第二部分

应用篇

第 5 章
实验应用

5.1 基于机器学习的拓扑码纠错方案

5.1.1 引言

量子比特在量子计算机中不是独立存在的，它会在运行过程中与外界环境发生相互作用，从而破坏量子比特之间的纠缠态，导致量子坍缩。量子纠错编码是克服量子退相干产生的噪声影响的重要技术。根据量子纠错理论[1-2]，如果噪声产生的干扰强度低于某个阈值，那么用物理量子位编码的逻辑量子位可以受到很好的保护。

为了使噪声干扰的强度在实验中更加接近阈值水平，寻找一种具有优良性能的量子纠错编码成为关键。稳定器生成器[3-4]是根据 Pauli 算子定义的研究量子纠错编码的强大技术，它可以直接分析代码的对称性，进行错误检测和纠正。稳定器码是在稳定器形式下定义的量子纠错编码，它由两组算子组成，一组是稳定器生成器（生成稳定器算子的基础子集），另一组是编码过的逻辑算子。稳定器码可以通过测量稳定器算子的信息来检测错误，不需要更改编码信息，从而避免量子比特被检测而发生坍缩的后果。

接下来，通过分析检测到的错误信息，执行恢复操作来纠正错误。解码器的作用是根据稳定器算子测量得到的经典综合征信息，推断出最可能发生的量子错误，并给出相应的纠错操作。它允许人们利用这些可观测的经典数据来执行有效的量子纠错。本节的目的是确定最优解码器，使输出结果尽可能接近最佳阈值。对于最优解码器的确定，即使在最简单的噪声模型（如去极化噪声模型）下解码计算也是非常大的难题。因此，本节试图寻找具有良好约束结构的代码，拓扑码的出现为解码计算提供了很大便利，它具有局部支持的稳定器生成器，其稳定器在几何上呈现局部性，仅能表明附近量子位上的错误，对任何不满足稳定器约束条件的测量结果返回−1，表明在其附近的量子位上存在错误。利用基于机器学习的拓扑码纠错方案可以有效地进行解码，在解码器的选择上，卷积神经网络（CNN）具有局部感知性、空间层次结构特性，能够为接下来的复曲面码纠错提供极大的便利。

5.1.2　对偶晶格下的复曲面码

复曲面码[5-7]是一种最简单的拓扑码，也是实际应用最广泛的纠错码。复曲面码定义在一个具有周期性边界条件的 $L \times L$ 的晶格上，该晶格嵌在复曲面圆环当中，取其中一段展开为二维形式，这样最左侧的边被标识在二维形式的最右边，最上边的边被标识在二维形式的最下边。对偶晶格下的复曲面码如图 5-1 所示，该晶格包含顶点（边相交的点）、格子（由边围成的闭合四边形）和边界（由晶格边缘的边构成）。其中，边界、顶点和格子在纠错过程中起到关键作用。

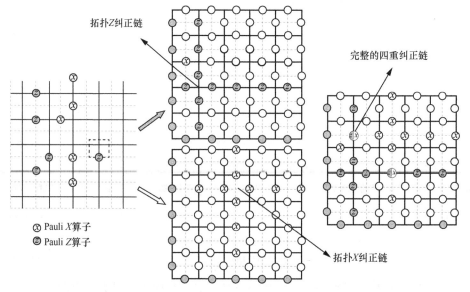

图 5-1　对偶晶格下的复曲面码

量子位嵌在晶格的每条边上。在具有周期性边界条件的 $L \times L$ 晶格上含有 $2L^2$ 条边，在计算边界时不需要重复计数，如图 5-1 中，边界用灰色圆圈表示。由此，可以计算出复曲面码具有 $n = 2L^2$ 个物理量子位。在复曲面码中，晶格上的顶点和格子组成了两种稳定器生成器，A_s 和 B_p 分别为顶点算子和格子算子，表示为

$$A_s = \prod_{j \in \text{star}(s)} \sigma_j^x, \ B_p = \prod_{j \in \text{boundary}(p)} \sigma_j^z \tag{5-1}$$

其中，j 代表边，X 和 Z 均为 Pauli 算子。格子算子由作用在格子边界的 4 个量子位上的 Pauli Z 算子的张量积组成，顶点算子由作用在顶点相邻的 4 个量子位上的 Pauli X 算子的张量积组成。根据稳定器生成器的特性，所有的算子必须相互对易（保证不受错误发生顺序的影响），所以在晶格中所有的格子算子相互对易，所有的顶点算子亦如此，更为重要的是，相邻的格子和顶点算子也是对易的（相邻的二者有两条边重叠），但不相邻的格子和顶点算子不是对易的，因为它们在不同的量子位形成了非平凡循环。

上述为平面晶格（也称原始晶格），将平面晶格上下左右移动半个单元形成对偶双晶格，其中用虚线表示形成对偶的双晶格，如图 5-1 所示，它跟平面晶格有相同的大小和边界。

5.1.3　量子比特编码和错误检测

复曲面码的二维晶格空间有 $2L^2$ 个量子位，以及 $L^2 - 1$ 个格子算子和 $L^2 - 1$ 个顶点算子，每个格子算子和顶点算子都可以独立检测错误，对于 $2L^2$ 个物理量子位和 $2L^2 - 2$ 个稳定器，每个块（被稳定器群划分出的量子态空间，也即码空间）的大小为 $2^{2L^2} / 2^{2L^2 - 2} = 4$，即 4 个量子比特编码，记作 $\vec{Z}_1, \vec{Z}_2, \vec{X}_1, \vec{X}_2$。这些编码的逻辑算子必须与稳定器中的所有元素对易，但又不能属于它们，并且 X 和 Z 算子是反对易的。考虑一对 Z 算子，它们与相邻两个顶点算子中的一个对易，与外部的一个顶点算子反对易。由此可见，对于一个 Z 算子的弦算子串，不管是上下还是左右的弦算子串，它们均会与末尾的顶点算子反对易，同样，逻辑 X 算子在对偶双晶格下是原始的逻辑 Z 算子，将 Z 算子的弦算子串逆时针旋转 90°，同样会得到一条与末尾的顶点算子反对易的弦算子串。显而易见，逻辑算子的形式不是唯一的，它们有相同的等价类，这给量子位发生错误进行纠错带来了较大的困难，选择合适的逻辑

算子来找到相应的恢复算子是解码过程的关键。

错误检测[8]是指量子系统受到错误影响后，通过测量稳定器生成器得到一组结果，当没有发生错误时，稳定器生成器将会输出+1的特征值；当出现错误时，即不满足稳定器生成器的约束条件，输出−1的特征值。当测量稳定器生成器时，不需要测量所有的稳定器生成器，即 $2L^2 - 2$，由于每组稳定器生成器的属性会确保每一组稳定器生成器的独立性，因此只需要测量 $N - K$ 个稳定器生成器即可，其中 N 表示物理量子位的数量，K 表示逻辑量子位的数量，并且逻辑量子位的数量与物理量子位的数量呈线性关系。找到错误位置之后，接下来就是纠错过程。

定义 Q 为 Pauli 错误算子，如果它跟稳定器生成器 S 为对易关系，设置 $|\psi\rangle$ 为错误产生之前的初始态，则 $Q|\psi\rangle = QS|\psi\rangle = SQ|\psi\rangle$，由此可以看出，发生错误之后的态 $Q|\psi\rangle$ 是 S 的 +1 特征值，同样地，如果 Q 跟 S 为反对易关系，那么 $Q|\psi\rangle = QS|\psi\rangle = -SQ|\psi\rangle$，由此可以看出，发生错误之后的态 $Q|\psi\rangle$ 是 S 的 −1 特征值。由于本节只考虑 Pauli 算子产生的错误，任何两个量子位为 n 的 Pauli 算子要么对易要么反对易，因此所有错误情况都适合上述分析。

紧接着对错误进行校正，由于 Pauli 算子都是自逆的，可以应用错误算子的逆算子进行纠错，因此，纠错的任务就变成识别校正算子来应用到校正子上。存在的问题是校正子跟错误是一对一的吗？显然不是这样的，当有两个错误 Pauli 算子出现，它们满足 $Q = Q'L_d$，会产生相同的校正子，本节定义 L_d 为逻辑算子的等价类成员。如图 5-2 所示，在对偶双晶格中产生了两条错误的弦算子串，但它们有着相同的端点算子，会产生相同的校正子。

可以将校正子看作带电荷的准粒子，当测量结果为+1时，电荷量为0（即没有粒子）；当测量结果为−1时，电荷量为1，是与顶点和格子相关的准粒子。根据纠错规则，无错误状态下 Z 错误会在相邻顶点创建一对 +1 的带电荷的准粒子，当有错误发生时，与+1准粒子相邻的 Z 错误（Z 算子引发的相位翻转错误）会将准粒子移动到与该错误相邻的另一个顶点，然后将另一个准粒子也移动到此处，它们会被湮灭，顶点处的量子位处于 0 电荷状态，从而形成一个纠错过程。定义复曲面码纠错消除规则如下。

k 代表复曲面码格子处的激发态，m 代表顶点处的激发态，由此可以总结出，错误粒子的激发态是成对产生的，它们形成闭环，并在其中进行激发态湮灭，不可以单个产生，会造成错误无法纠正。如图 5-2 所示，纠错能力还取决于错误产生的强度和种类，对于较为简单的噪声模型，去极化噪声模型的处理是独立并且同分布的，每种错误产生的概率为 $P_X = P_Y = P_Z = p_{eff}/3$。其中 p_{eff} 表征发生错误的概率。由于不同的错误可能对应相同的综合征，这种现象主要源于同一逻辑算子等价类的错误操作。因此，可以通过统计映射的方法，推断出最可能的等价类成员，从而选择合适的纠错操作。复曲面码的格子和顶点具有很强的空间相关性，难以用通常的统计学映射方法进行选择，因此本节提出了一种基于机器学习的 CNN 解码器来更快地确定最佳校正子，并不断进行条件优化使其达到最佳阈值。

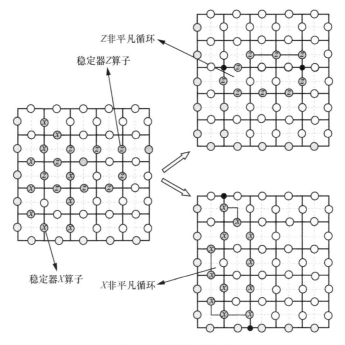

图 5-2　纠错算子校正

5.1.4　卷积神经网络解码器框架

给定错误 Q 和稳定器生成器 S，当错误 Q 和 SQ 导致相同的测量结果（产生相同的校正子）时，将一组稳定器生成器测量结果中自动选择纠错算子的过程称为解码过程[9]。

卷积神经网络由卷积、激活和池化 3 种操作组成。CNN 模型之所以能够利用图像中存在的强空间性设计，是由于复曲面码的格子和顶点具有较强的相关性，会把特征空间（校正子）作为全连接层的输入，用全连接层完成从输入的特征空间到标签集的映射（纠错后的恢复算子），即达到分类效果。在实验（或操作）前期会对 CNN 解码器进行训练，先从较小的数据和较短的代码距离开始，在训练达到的阈值接近最佳阈值时增加数据量，数据量的增加会导致训练时间的增加，训练时间的增加对机器的要求会特别高，因此本节通过优化 CNN 结构的池化层、全连接层、激活函数等来降低训练的成本。CNN 通过训练数据迭代调整网络权重来达到训练效果，是一种后向传播算法。如图 5-2 所示，校正过程中模型通过对已有的数据集进行学习，实现准确的分类预测，这属于监督学习，损失函数是分类交叉熵，为了在梯度下降过程中避免过早收敛，在每一层使用批处理归一化，选择 Adam 作为优化器来进行模型训练和校正预测，为了提高训练速度和迭代深度，选用了 RestNet 模型，在避免退化问题的情况下叠加大量的卷积层。这是通过引入剩余的快捷方式（残差连接）、连接执行标识映射和跳过堆叠的层来实现的。快捷方式输出被添加到堆叠层的输出中，当从一个阶段转到下一个阶段时，过滤器的数量会加倍。

训练集是根据噪声模型和一些设定的错误率来生成的。训练后的 CNN 能够成功地标记出以低于阈值的各种错误率所产生的错误配置的综合征，并且不需要针对特定的错误率对网络进行任何微调。由于较高错误率的综合征通常对分类更具有挑战性，因此主要以对应于接近阈值的错误率的配置来训练 CNN。然而，在长代码距离和相关噪声模型的 CNN 训练过程中，如果直接在高错误率数据集上进行训练，优化算法很可能停留在局部最小值。这一问题表现在 CNN 不能有效地学习噪声特征，由此产生的性能比随机猜测只有较小的改进。下面提出的一个解决方案是首先在一个较低错误率的数据集上预训练 CNN，然后只使用与接近阈值错误率对应的训练数据。

5.1.5　解决方案

为了更好地对校正模型进行预测，本节通过 CNN 模型对数据集进行训练，训练出能够成功标记低于阈值的各种错误率产生的错误配置的综合征。由于较高错误率的综合征通常对分类更具有挑战性，因此下面主要以对应于接近阈值的错误率的配置来训练 CNN。首先，以较短的代码距离进行训练，选用 RestNet7 和 RestNet14 作为网络架构，在这个较低错误率的数据集上生成预测模型；然后，增加代码距离，用具有相同错误率的数据集进行预训练，接近阈值时停止训练；最后，当再次增加代码距离，发现相同错误率数据集的预测结果跟阈值差距较大时，表明在该数据集下训练出了最接近阈值的预测模型（简称为本节的训练模型）。图 5-3 中，d 为代码距离，p_{eff} 为随机错误率，p_{fail} 为逻辑错误率。如图 5-3（a）所示，在较短代码距离下的预测模型（$d=5$）跟本节的训练模型（$d=7,9$）的差距较大，即超出阈值后，仍出现不同代码距离的重合，并在重合后出现趋势的变化。进一步优化，如图 5-3（b）所示，预测模型的错误率跟本节的训练模型错误率几乎吻合，即超出阈值后，不同代码距离的趋势一致。

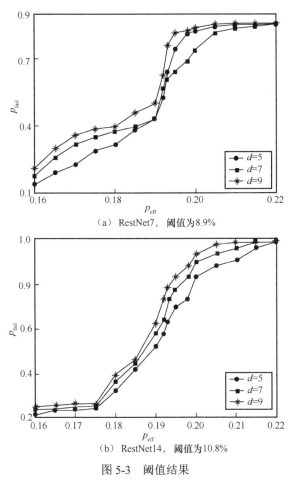

图 5-3　阈值结果

用训练好的 CNN 模型进行校正预测时，需要对卷积进行一定的处理。如图 5-3 所示，在每一步卷积过后为了保证晶格的边界性和周期性，要定期进行填充。首先，为每个边分配一个随机错误率 p_{eff}；然后，根据每条边的错误率对错误进行采样并计算校正子。在校正过程中，得到了去极化噪声模型下的 CNN 解码器的阈值，可以看出，随着代码的距离增加，校正的准确率提高，但是受数据量和训练时间的影响，准确率会达到一个饱和水平，再增加数据量会产生相反的效果。RestNet7 网络架构中，在 $d=5$ 的代码距离下，逻辑错误率 p_{fail} 在最开始上升速度较快，达到阈值水平较慢，因此，在增加代码距离的同时，也要考虑训练数据量和校正时间的影响。当增加代码距离但没有增加训练数据量时，随代码距离增加，初始的 p_{fail} 上升速度较慢，训练速度也受到了限制。在 RestNet14 网络架构中增加了训练数据量，可以看出，随着 p_{eff} 的增加，初始 p_{fail} 更高，但是在 p_{eff} 达到 0.18 左右时两种网络架构的 p_{fail} 基本趋平。图 5-3（b）中在增加代码距离的同时增加了数据量，$d=9$ 的 p_{fail} 明显高于 $d=5$ 和 $d=7$ 的情况，并且能够更快地达到阈值水平，之后随着 p_{eff} 的增加，p_{fail} 趋于平稳，由此猜测，再次增加数据集反而会产生 p_{fail} 降低的效果。

对于量子纠错还需要进行更深入的研究，需要更强大的代码支持以解决复杂噪声模型产生的影响，还有需要解决随着代码距离的增加，超过阈值导致的纠错效率偏低的问题。因此，需要在解码器的优化上寻找更加强大的算法支撑，需要研发更加精密的仪器提高训练速度。成熟的 CNN 解码器还需要考虑稳定器测量错误的可能性，但在本节的训练过程中并没有考虑这个因素。训练所得 CNN 解码器下复曲面码阈值为 6.9%，非常接近最佳阈值。但是其精度还远远不够控制量子计算机运行中各种因素的影响，还需要更加深入地研究以掌握量子计算机的容错和纠错机制。

拓扑码是具有稳定器形式的、在容易出错的物理量子位中编码逻辑量子位便于寻找错误信息的有效代码。由于拓扑码信息以全局自由度存储，因此较大的网格可提供较长的代码距离。当误码率足够低时，增加代码距离会提高纠错成功的概率。当误码率较高时，增加代码距离会降低纠错成功的概率。两者之间的过渡点称为阈值，是表征物理错误率的临界值，只要物理错误率低于阈值，增加量子比特数就可以成倍地抑制逻辑量子比特错误。在去极化噪声模型下，要选择的拓扑码是表面码——具有广义的约束条件（对易性和周期性），便于进一步研究拓扑码的性质。

由于表面码不是自校正的，因此在受到噪声影响时会出现缺陷。因此，必须主动检测和纠正错误，解码器在其中起着重要作用。表面码中的校正子可以以奇偶校验的形式校验一组物理量子比特，检测已经发生的错误。用于根据给定校正子错误生成相应恢复操作的算法称为解码器，经过对错误进行分析后，给出校正的建议。由于校正子检测到的错误并不唯一，因此解码器需要与稳定子检测的错误统计信息合并。解码器针对这些信息生成校正链，在最不可能引发翻转操作的情况下消除校正子。

为了解决表面码的空间相关性问题，采用强化学习机制的对抗网络结构可以更快地寻找最佳的校正链，其中，对抗网络是对深度 Q 网络（DQN）的改进。通过增加校正链的翻转位数来降低解码器阈值，解决了优化阈值过高的问题。因此，可以利用强化学习机制的对抗网络结构来确定阈值。

5.2　基于强化学习的量子表面码纠错方案

5.2.1　引言

表面码的模型是量子双重模型，可以视为在二维晶格上定义有限群 G 的量子双重模型 $D(G)$。本节使用方形晶格表示的表面码，并且将群 G 定义为 Abel 群 Z_2 下。代码空间可以由作用于方形晶格上最近的 4 个量子位的奇偶校验算子来定义。

5.2.2　表面码编码方案

表面码[10]选择形状为 $L \times L$ 的晶格，晶格内含有 L^2 个量子位。将数据量子位对应于每个格子顶点，中间部分相邻的 4 个点为一个格子，每个逻辑量子位由这些数据量子位编码。将晶格自旋 1/2 后可以使用最少的物理量子位形成逻辑量子位。部分量子位依旧位于旋转前的晶格，新量子位定义为辅助量子位。对于所选的晶格，表面码将一个逻辑量子位编码为 $n = L^2$ 个物理量子位，以及 $L^2 - 1$ 个辅助量子位，并且每个稳定器测量周期最多可以识别和纠正 $\lfloor (L-1)/2 \rfloor$ 个错误。

选择 5×5 的晶格，数据量子位放置在晶格的顶点上，如图 5-4（a）所示。内部的相邻 4 个顶点形成 Pauli X 和 Pauli Z 两种类型的算子，而边界是由两个顶点形成的，如图 5-4（b）所示。在具有周期性边界的表面码格子中，围绕 Pauli Z 算子辅助量子位的 4 个数据量子位形成一个 Pauli Z 算子稳定器，执行 4 次 Z 操作不会改变奇偶性，因此不会导致校正子的变化，X 算子稳定器同理，如图 5-4（c）所示。深色方框对应 Z

算子的稳定器，浅色方框表示 X 算子的稳定器。稳定器执行一系列 CNOT 门的方式如图 5-4（d）所示，以将每个辅助量子位与其 4 个相邻的数据量子位纠缠在一起。B_p 表示 X 算子稳定器，W_p 表示 Z 算子稳定器，将格子 p 上的稳定器定义为

$$S_p = \otimes_{i \in p} \sigma_i, \quad \sigma_i = \begin{cases} X_i, & p \in B_p \\ Z_i, & p \in W_p \end{cases} \tag{5-2}$$

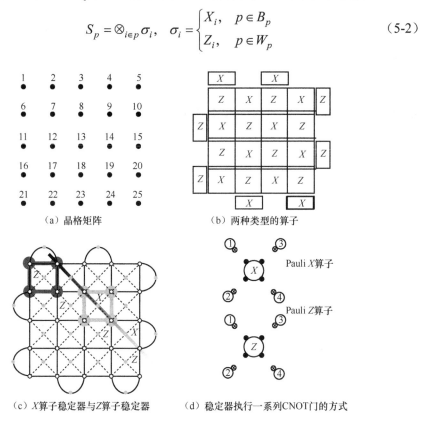

（a）晶格矩阵　　　（b）两种类型的算子

（c）X算子稳定器与Z算子稳定器　　（d）稳定器执行一系列CNOT门的方式

图 5-4　表面码示意

　　表面码将逻辑量子位定义为单个晶格内的缺陷（引入的自由度）。将单个自由度引入晶格状态中，使晶格能够用于逻辑量子位的编码。在晶格中的一个状态上可能发生比特翻转 X 错误或相位翻转 Z 错误，因此在每个格子的中间放置辅助量子位。测量辅助量子位只能得到+1或−1的特征值，这样对应内部格子 4 个（或边界格子两个）相邻数据量子位的奇偶性。辅助量子位测量结果的集合称为校正子。引入辅助量子位保证测量邻近的数据量子位不会发生信息丢失，同时进行校正子测量。校正子的交集可以帮助识别最可能的错误算子。解码器的任务是从校正子集中推断数据量子位上的错误。

　　在不增加过多计算资源和时间的前提下，有效地保护量子信息，需要对表面码

的错误量子位进行最少比特翻转或者相位翻转，例如，寻找最短错误校正链。针对去极化噪声模型下的表面码会产生等概率的 X、Y、Z 错误，顶点算子跟格子算子会产生较强的空间相关性，很难用统计学映射的方法寻找最优校正链，强化学习下的对抗网络可以很好地解决这个问题。

首先，对于检测到发生错误的位置，解码器可见的仅是校正子，即校正子是逻辑量子位所在区域中不同状态之间映射的逻辑操作，具体由环绕环面的 X 或 Z 算子串给出，并分别对应于逻辑比特翻转和相位翻转操作，这些校正子形成校正链，之后可以使用解码器消除校正链。

进而，若校正链最终形成一个平凡循环，使量子比特返回到原始状态，说明校正成功；否则，若校正链组成缠绕环面的非平凡循环，则已经消除了错误校正子，但是对应于逻辑比特翻转来说改变了量子位的状态，即说明校正错误的任务失败。

其中，校正子由一组测量结果+1 和−1 组成，当结果为+1 时，准粒子的电荷为0；当测量结果为−1 时，准粒子的电荷为 1。无错误代码状态下的 Z 错误会在相邻顶点上创建一对+1 带电荷的准粒子，而与+1 准粒子相邻的 Z 错误会将准粒子移动到与该错误相邻的另一个顶点。如果两个准粒子移动到同一个目标区域上，则可以做到校正子的成对消除。

5.2.3 最优错误校正链的寻找

校正子在状态空间环境下可以看作智能体（Agent）将要执行的下一步动作。最优错误校正链的寻找意味着在进行一系列比特翻转或者相位翻转操作（作为动作行为）后，最终生成平凡循环的校正链或者非平凡循环的校正链。非平凡循环的生成意味着该系统得到最小的累计回报，对应输出−1 的特征值，相反，平凡循环的生成意味着该系统得到了最大的累计回报，对应输出+1 的特征值。

Agent 对应的一个动作会改变当前环境状态 $s_0 \rightarrow s_1$，累计此过程的回报 r_1，经过一系列动作后累计最大回报 $R = r_0 + \gamma r_1 + \gamma^2 r_2 + \cdots$，其中 γ 为回报率，受到噪声等因素影响，回报会减少，对应于校正过程中 X、Y 等 Pauli 算子的增加。对抗网络具体的操作过程如下。

定义比特翻转或者相位翻转为一个动作价值函数

$$Q_\pi(s,a) = \mathrm{E}\left[U_t \,|\, S_t = s, A_t = a\right] \tag{5-3}$$

其中，$Q_\pi(s,a)$ 是动作价值函数，是指知道错误类型和校正子布局后期望得到的最优错误校正链；π 是策略函数，根据当前的错误状态给出进一步的更正指示；U_t 为回报，S_t 为状态空间集合，A_t 为动作集合。

最优动作价值函数 Q_* 定义为

$$Q_*(s,a) = \max_\pi Q_\pi(s,a), \forall s \in S, a \in A \qquad (5\text{-}4)$$

为了避免因策略函数 π 的选择而导致不同校正子未达到最优动作价值函数的情况，通过筛选策略函数 π 确保所选策略能够生成最优的错误校正链。状态价值函数 $V_\pi(s)$ 是 $Q_\pi(s,A)$ 关于 a 的期望：$V_\pi(s) = \mathrm{E}_{A\sim\pi}\left[Q_\pi(s,A)\right]$。

最优状态价值函数 V_* 的定义为

$$V_*(s) = \max_\pi V_\pi(s), \forall s \in S \qquad (5\text{-}5)$$

最优优势函数 D_* 的定义为

$$D_*(s,a) \triangleq Q_*(s,a) - V_*(s), \forall s \in S, a \in A \qquad (5\text{-}6)$$

对抗网络由两个神经网络组成，一个记作 $D(s,a;\omega^D)$，它是对最优优势函数 $D_*(s,a)$ 的近似；另一个记作 $V(s;\omega^V)$，它是对最优状态价值函数 $V_*(s)$ 的近似。由此可以推导得出

$$Q(s,a;\omega) \triangleq V(s;\omega^V) + D(s,a;\omega^D) - \max_{a\in A} D(s,a;\omega^D) \qquad (5\text{-}7)$$

其中，$Q(s,a;\omega)$ 就是对抗网络，它是对最优动作价值函数 Q_* 的近似，它的参数记作 $\omega \triangleq (\omega^V; \omega^D)$。该最优动作价值即想要寻找的最优错误校正链，将状态空间（校正子）作为卷积神经网络的输入，经过卷积操作输出特征向量，进一步利用全连接层输出要校正的多条错误链，最后以特征向量的形式输出，找到所需的最优错误校正链。

5.2.4 双 Q 学习算法

本节基于双 Q 学习（Double Q Learning）算法[11]使用对抗网络来提高错误校正链的翻转位数和降低错误率的阈值。双 Q 学习算法对 Q 学习算法进行了优化，可以解决 Q 学习中的自举偏差问题，这种方法有效地减少了因最大化操作而选择被

高估的动作，更好地解决最佳阈值过高问题。本节利用对抗网络中的全连接层对表面码的校正子进行编码，利用双 Q 学习算法优化动作（比特翻转和相位翻转）的价值，通过 CNN 解码器进行解码并输出特征值，逐步找到想要恢复的校正链。

双 Q 学习算法每次从系统空间中随机取出一个状态校正子，用四元组 (s_i, a_i, r_i, s_{i+1}) 表示，在解码过程中需要对校正子做正向传播，得到：$\hat{q}_i = Q(s_i, a_i; \omega_{\mathrm{now}+})$。其中，$\omega_{\mathrm{now}+}$ 为 DQN 参数，选择动作（相应的翻转操作）：$a^* = \underset{a \in A}{\arg\max}(s_{i+1}, a; \omega_{\mathrm{now}+})$。

执行翻转后的新校正子为：$\hat{q}_{i+1} = Q(s_{i+1}, a_*; \omega_{\mathrm{now}-})$。

紧接着对 DQN 做反向传播，得到梯度 $\nabla_\omega Q(s_i, a_i; \omega_{\mathrm{now}+})$。更新和优化梯度下降的翻转次数：$\omega_{\mathrm{new}+} \leftarrow \omega_{\mathrm{now}+} - \alpha \cdot \delta_i \cdot \nabla_\omega Q(s_i, a_i; \omega_{\mathrm{now}+})$。

在双 Q 学习中设置回报率 $\gamma \in (0,1)$，做加权平均更新 CNN 的参数得到最佳校正子：$\omega_{\mathrm{new}-} \leftarrow \gamma \cdot \omega_{\mathrm{now}+} + (1 - \gamma) \cdot \omega_{\mathrm{now}-}$。

重复上述双 Q 学习算法过程，对网络模型进行优化达到最佳效果。

5.2.5　解决方案

本节利用具有拓扑性质的量子纠错编码进行量子计算及通信的错误信息校正。不同于传统的多量子比特门线路，利用纠错码的拓扑性，在二维平面上进行一定结构的拓扑排列，保证信息传输安全性的同时也便于错误的检测及校正。在纠错基础上，在对抗网络中使用双层 CNN 模型，可以找到效果最佳的错误校正链，以及错误校正的最优方案，提高了纠错效率，保证信息传输的准确性，解决了信息传输受到噪声干扰导致的信息错误问题，算法流程如图 5-5 所示。

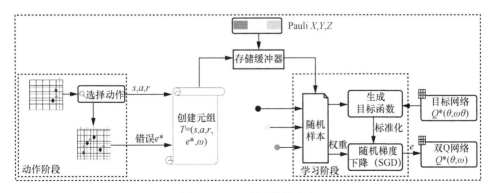

图 5-5　双 Q 学习算法流程

5.3　基于机器学习的量子 Semion 码纠错方案

5.3.1　引言

对比标准的量子纠错编码，量子系统的拓扑特质是构建高鲁棒性量子存储器的关键，特别是对抗外部噪声和退相干。量子拓扑纠错码[12]基于一类特殊的纠错码，即级联码，它能够执行更复杂的量子计算。Kiteav 码是构建量子存储器的基础拓扑码，可以看作简单的二维晶格规范理论的最简实例，其 Abel 群为 Z_2，通过局域自旋算子的约束条件实现了对量子比特错误的拓扑保护。在二维空间中，另一个晶格规范理论模型为 DS（Double Semion）模型，它与 Kiteav 码具有相同的 Abel 群，但拓扑性质不同，例如，在对两个基本准粒子激发进行编织操作时，Kiteav 码会生成 ±1 的相位因子，而 DS 模型会生成 ±i 的相位因子。

六边形晶格模型如图 5-6 所示，基于顶点算子和格子算子的拓扑序列组合，可系统构造一类新型非 Pauli 形式的拓扑码，这类拓扑码更容易实现，并且在执行非 Cliffird 门时的开销较小。一种基于 DS 模型的纠错码，即 Semion 码[13]，具有拓扑特性，遵循稳定器的形式。由于格子算子中存在 Pauli X 和 Pauli Z 算子，并且 Semion 码不是 Pauli 形式的稳定子码，因此格子算子不能表示为 Pauli 矩阵的张量积形式。

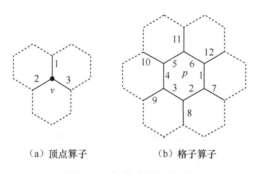

（a）顶点算子　　　　（b）格子算子

图 5-6　六边形晶格模型

最初的 DS 模型是在二维空间中实现的，现在引入 DS 模型的新计算式将 DS 模型扩展到三维和更高维度的空间。Semion 码定义在六边形晶格 Λ 中，边代表物

理量子位，顶点算子定义为

$$Q_v = \sigma_i^z \sigma_j^z \sigma_k^z \qquad (5\text{-}8)$$

其中，i, j, k 是属于顶点 V 的三量子位。将格子算子定义为

$$\tilde{B}_p = \left(\prod_{i \in \partial_p} \sigma_i^x \right) \prod_{j \in o(p)} i^{\frac{1}{2}\left(1-\sigma_j^x\right)} \qquad (5\text{-}9)$$

其中，∂_p 是六边形的 6 条边，$o(p)$ 是由每个格子 p 的六条边组成的六边形的集合，如图 5-6 所示。与 Kiteav 码不同的是，这些格子算子 $\tilde{B}_p$ 是厄米算子，并且只存在于整个 Hilbert 空间的子空间中，格子算子 $\tilde{B}_p$ 由无净通量条件定义并满足对易原则。

无顶点子空间定义的态满足

$$\mathcal{H}_v := \left\{ |\psi\rangle : Q_v |\psi\rangle = + |\psi\rangle, \forall v \in \Lambda \right\} \qquad (5\text{-}10)$$

由顶点算子和格子算子定义的哈密顿量为

$$\tilde{H}_{\mathrm{DS}} := -\sum_{v \in \Lambda} Q_v + \sum_{p \in \Lambda} \tilde{B}_p \qquad (5\text{-}11)$$

由于格子算子 $\tilde{B}_p$ 只存在于无顶点子空间中，因此没有产生顶点的激发态。为了能将 DS 模型看作纠错码，解除噪声所带来系统分离的影响，需要将 DS 模型推广到整个 Hilbert 空间中。

5.3.2　构造整个 Hilbert 空间的 Semion 码

下面以一种新的表示方法来介绍 DS 模型，这种表示方法更适合构建超越传统欧几里得空间的张量方程体系（式（5-11））。考虑六边形晶格 Λ，量子位附着在边上。顶点算子 Q_v 满足式（5-8），零通量子空间中的格子算子满足

$$\tilde{B}_p = \left(\prod_{j=1}^{6} \sigma_j^x \right) \left(\prod_{j=1}^{6} (-1)^{n_{j-1}^- n_j^+} \right) \qquad (5\text{-}12)$$

$n_i^{\pm} := \frac{1}{2}(1 \pm \sigma_i^z)$ 是量子比特 i 的状态在 $|0\rangle (n^+)$ 或 $|1\rangle (n^-)$ 上的投影，量子位的标记如图 5-6 所示，为了简单起见，使用 n 表示格子的边数。值得注意的是，式（5-12）避免了输出边界对格子 p 产生的影响。当 $\forall v, v', p \in \Lambda$ 成立时，容易得出顶点算子 Q_v 满足

$$Q_v^2 = 1, \quad \left[Q_v, Q_{v'}\right] = 0, \quad \left[Q_v, \tilde{B}_p\right] = 0 \tag{5-13}$$

当 $\forall p, p' \in \Lambda$ 成立时，格子算子 B_p 满足

$$\tilde{B}_p^2 = 1, \quad \tilde{B}_{p'} = \tilde{B}_p, \quad \left[\tilde{B}_p, \tilde{B}_{p'}\right] = 0 \tag{5-14}$$

此外，所有的顶点和格子算子的乘积都是恒等式，表明简并空间是 4^g，其中 g 是晶格表面的复数。

属于简并空间的非归一化波函数是这样得到的：从真空态开始，即 $|0\rangle^{\otimes N}$，它对所有的顶点算子都有 +1 的特征值。然后，格子算子被用来建立投影，并将其应用到真空态

$$|\Omega\rangle - \prod_{p \in \Lambda} \frac{1 - \tilde{B}_p}{2} |0\rangle^{\otimes N} \tag{5-15}$$

在无顶点子空间内，检查该状态是否满足哈密顿量的最低能量条件是很简单的。展开式（5-15）中的乘积，可以看出基态是闭环结构的叠加。由于基态 $\tilde{B}_p = -1$ 的条件，可以用不同的方式表示基态

$$|\Omega\rangle = \sum_{\vec{i} \in \{ \text{C-S conf.} \}} (-1)^{N_L(\vec{i})} |\vec{i}\rangle \tag{5-16}$$

其中，i 表示量子比特配置的位串，也就是每个量子比特状态的一个排列。$\{ \text{C-S conf.} \}$ 是所有可能的闭弦配置的集合。其中，闭弦配置指的是在量子系统中，所有可能的闭合路径或回路的集合。这些回路由量子比特状态连接而成，不存在开端或终点。每个闭弦配置可以看作在量子态中的一种特殊排列方式，形成一个封闭的路径。该集合中的每个闭弦配置都有一定数量的闭环 $N_L(\vec{i})$，根据它的奇偶性可以确定基态叠加系数的符号。当然，上述结构只产生一种基态。

为了找到其他的基态，可以简单地用一个包含同调非平凡闭环（其必须属于无顶点子空间）的配置来代替起始配置，然后进行同样的构造。闭环中每个不同的同调类对应一个不同的基态。在特定的循环配置上应用 $\tilde{B}_p$ 会翻转格子 p 内部边上的弦算子，同时取决于所考虑的具体配置的相位。在真空态上应用 $\tilde{B}_p$ 只是在格子 p 周围添加了一个闭合回路，而在闭合回路周围应用 $\tilde{B}_p$ 会放大（或缩小）现有回路以包含（或排除）格子 p，同时将波函数乘以 -1 系数，示意图如图 5-7 所示。

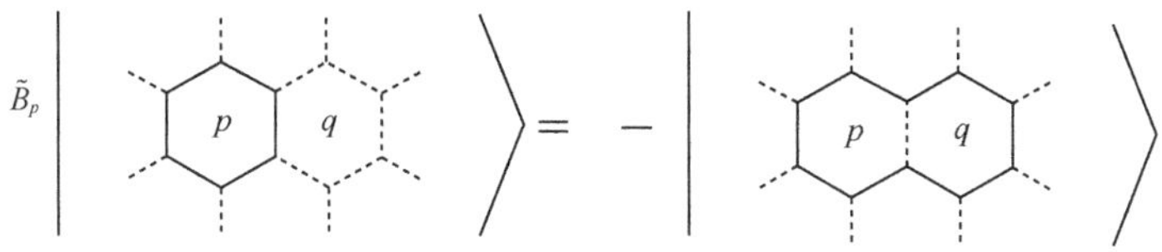

图 5-7　应用格子算子的闭环示意

　　由于格子算子缺乏对易性，并且它们不是厄米算子，原始 DS 模型仅在没有顶点激发时能被很好地定义。原始 DS 模型的格子算子之所以不是厄米算子，是因为它们在数学上不满足自伴随性，即不符合标准量子力学中的厄米条件。厄米算子在量子力学中代表可观测量，其特征值为实数，但 DS 模型的格子算子缺乏这一性质，导致其无法用于描述特定的物理测量。这种不厄米的特性使 DS 模型在存在顶点激发时，无法提供稳定、定义明确的物理状态。此外，创建顶点激发的弦也没有正确的定义。按照 Kitaev 码的相似性，试图将这些弦算子构造成 σ^x 弦链的尝试彻底失败了。由于格子算子外部分支上的相位的影响，σ^x 算子产生顶点激发和格子激发。为了得到一个在端点处仅产生两个顶点的激发态，但沿着路径 $\mathcal{P}$ 与所有格子算子对易的串，有必要在外部分支上的 σ^x 弦链中添加一些额外的相位。

　　DS 模型产生了类似于任意子的准粒子激发。它们被称为 Semions，因为它们的拓扑电荷是费米子的一半，即在模型中存在两种类型的 Semions，一种是对应于顶点的激发态，另一种是对应于顶点和邻近格子的激发态。将这两种不同的可能性命名为手性，前一种为正手性，后一种为负手性。这种选择是任意做出的，并不一定反映给定模型的拓扑结构。只有当系统的格子总数是偶数时，这才是正确的。这里的"正确的"是指在系统格子总数为偶数时，定义的手性（正手性和负手性）可以保持拓扑的一致性和自洽性。这是因为在具有偶数格子的系统中，正手性和负手性之间的相互作用与模型的整体拓扑性质相协调，能够确保拓扑激发和半子的行为与理论预期相符。如果格子总数是奇数，这种手性分类可能会导致不一致的拓扑行为，无法正确反映系统的物理状态。所以，只有格子总数是偶数的情况下，这种手性定义才能很好地描述 DS 模型中的准粒子激发。在格子总数是奇数的情况下，基态一定包含单个通量激发态，这意味着模型中存在一个未配对的激发态，可以放置在任意一个格子中。这会导致基态空间的简并度变得复杂和广泛，因为任何给定的通量配置都可能是简并的，即存在多种方式实现相同的物理状态。为简单起见，在此假设系统包含的格子总数为偶数。

考虑上述所有情况，下面给出 DS 模型的计算式，可构造为 Hilbert 空间全局满足必要性质的拓扑微观方法。

在壳层 DS 模型的简并基态空间进行量子信息编码时，X 错误将导致系统的状态脱离无顶点子空间。在这种情况下，由于 $\tilde{B}_p$ 算子的不可对易性，在将 DS 模型解释为稳定器码时出现了困难。

为了避免这样的困难，考虑方程中格子算子的替代模型，称为脱壳 DS 模型或 Semion 码模型，表示为

$$H_{\text{DS}} = -\sum_V Q_V + \sum_P B_P \tag{5-17}$$

其中，广义的格子算子 B_p 是通过对 $\tilde{B}_p$ 进行修改，并且将其乘以相位因子得到的，该相位因子取决于其所应用的配置，更具体地有

$$B_P := \tilde{B}_p \times \tilde{\beta}_p \tag{5-18}$$

和

$$\beta_p := \sum_{\vec{i}} \tilde{b}_p(\vec{i}) |\vec{i}\rangle\langle\vec{i}| \tag{5-19}$$

其中，可能的配置是图 5-8 中显示的非平凡相位因子。$\tilde{b}_p(\vec{i})$ 表示相位对应于计算基础中状态 $\vec{i}$ 上的弦算子配置。一个量子位在状态 $|0\rangle$ 被解释为在其对应边上不存在弦算子，而状态 $|1\rangle$ 反映存在一个弦算子。相位算子 $\tilde{\beta}_p$ 可以分解为

$$\tilde{\beta}_p = \beta_{1,6,12}\beta_{1,2,7}\beta_{2,3,8}\beta_{3,4,9}\beta_{4,5,10}\beta_{5,6,11} \tag{5-20}$$

其中，$\beta_{i,j,k}$ 是连接到顶点 $v(i,j,k)$ 的边 i，j 和 k 的串配置的函数。每个因子 $\beta_{i,j,k}$ 的具体值如图 5-8 所示。它们的具体形式取决于它们在格子上的位置。广义的格子算子 B_p 可以写为

$$B_P = \prod_{i\in\partial p} \sigma_i^x \left(\prod_{j\in\partial p} (-1)^{n_{j-1}^- n_j^+}\right) \prod_{v\in p} \beta_v \tag{5-21}$$

其中，使用 $j\in\partial p$ 来表示与格子 p 中的边 j 相关联的量子位；$v\in p$ 表示格子 p 的顶点。式（5-21）清楚地表明，出现在 B_p 中的相位因子是相位 β_v 的乘积，取决于连接到每个顶点的三条边的串配置

$$\prod_{v \in p} \beta_v = i_{12}^{n_{12}^-\left(n_1^- n_6^- - n_1^+ n_6^+\right)} i_7^{n_7^-\left(n_1^+ n_2^- - n_1^- n_2^-\right)} \times i_8^{n_8^+\left(n_2^- n_3^- - n_2^+ n_3^-\right)} i_9^{n_9^-\left(n_3^- n_4^- - n_3^+ n_4^+\right)} \times i_{10}^{n_{10}^-\left(n_4^+ n_5^- - n_4^- n_5^-\right)} i_{11}^{n_{11}^-\left(n_5^- n_6^- - n_5^+ n_6^-\right)}$$

$$(5\text{-}22)$$

可以很容易地看到，在零通量规则中，式（5-22）的因子减少到 1，可恢复到式（5-12）。新定义的格子算子 B_p 满足量子纠错的稳定器形式所需的性质，即

$$B_p^2 = 1, B_p^\dagger = B_p, \left[B_p, B_{p'}\right] = 0, \left[Q_v, B_p\right] = 0 \tag{5-23}$$

当 $\forall p, p', v \in \Lambda$ 成立时。由于新的格子算子满足对易原则，在量子比特的整个 Hilbert 空间上，对于 H_{DS} 的研究比 $\tilde{H}_{DS}$ 的研究简单得多。

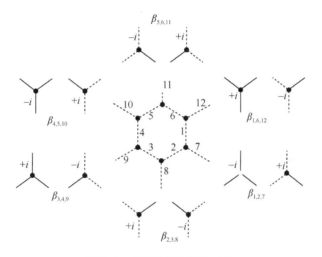

图 5-8　非平凡相位因子示意

5.3.3　量子比特编码和错误检测

寻求开弦算子在它们的端点处产生激发态而不影响其余的顶点和格子算子，以及与顶点和格子算子对易的闭弦算子。在这种情况下，激发态对应于顶点算子的-1 特征值或格子算子的+1 特征值。如果系统的状态处于 Q_V（B_p）的-1（+1）特征值，说明在顶点 v（格子 p）存在激发态。因为 $\prod_{v \in \Lambda} Q_v = \prod_{p \in \Lambda} B_p = 1$，所以激发态总是成对产生的。为了找到这样的弦算子，将广义格子算子重新表示为

$$B_p = \prod_{i \in p} \sigma_i^x \sum_{\vec{i}} b_p(\vec{i}) |\vec{i}\rangle\langle\vec{i}| \qquad (5\text{-}24)$$

其中，p 表示格子的内边缘（图 5-8 中的边缘 1～6），外边缘的配置则是在边缘 1～12 上定义的，这些边缘的定义是相互独立的，内边缘和外边缘的配置并不重合；$b_p(\vec{i})$ 表示应用算子 B_p 时选取的复杂相位配置 $\vec{i}$。注意 $\sum_{\vec{i}} b_p(\vec{i}) |\vec{i}\rangle\langle\vec{i}|$ 与式（5-21）中 β_v 在-1处的乘积不同，其中，-1 因子指的是在算子作用下，量子态可能出现的相位翻转。这种相位翻转通常源于系统的对称性或拓扑特性，影响量子态的叠加特性。在具体应用中，-1 因子会与其他复杂相位一起考虑，以描述系统的整体量子行为。

生成格子激发 S^Z 的弦算子与 Kitaev 码中的弦算子相同，即 Z 算子。除了端点处的格子，这些算子与每个稳定器对易。顶点激发产生的弦算子由一串 X（在量子比特上施加的 X 算子的序列）构成，在 Kitaev 码中，还有一些相位 $\sum_j F(\vec{j}) |\vec{j}\rangle\langle\vec{j}|$，其中 $F(\vec{j})$ 取值范围为 $\{\pm 1, \pm i\}$。对于路径 $\mathcal{P}$，有

$$S_{\mathcal{P}}^+ = \prod_{k \in \mathcal{P}} X_k \sum_{\vec{j}} F(\vec{j}) |\vec{j}\rangle\langle\vec{j}| \qquad (5\text{-}25)$$

$S_{\mathcal{P}}^+$ 由量子比特集合 Conn($\mathcal{P}$) 构成，如图 5-9 所示。$S_{\mathcal{P}}^+$ 是指施加在量子比特集合 Conn($\mathcal{P}$) 上的弦算子，用于描述顶点激发态，并且在应用这些算子时，需要考虑它们与稳定器的对易关系。这样确保系统在特定条件下保持所需的量子态。因此，在 $F(\vec{j}) = F(\vec{j} \oplus \vec{i})$ 中，对于任何 $\vec{i}$，Conn($\mathcal{P}$) 中的量子比特为零。这里，$\oplus$ 表示总比特串的模 2 取余。$F(\vec{j})$ 通过弦算子为 1 来确定它与稳定器对易（端点除外，它必须是反对易的）。从这些约束产生的线性方程组中，可以很容易地获得 $F(\vec{j})$。$S_{\mathcal{P}}^+$ 产生的准粒子顶点激发态像任意子一样，被称为 Semion 码，因为它们的拓扑电荷是费米子的一半，即 $\pm i$。负手性串可以通过连接两个端点的弦算子进行乘法运算 $S^- = S^+ S^Z$。这种乘法是基于弦算子手性特性的，由于这两个弦算子在端点创建了 Semion 粒子，因此它们具有相同的手性，交叉一次时会表现出反对易的性质。此外，具有相反手性的弦算子则是对易的。这些关系共同决定了系统中准粒子的行为和相互作用。S^Z 自对易并与 $S^\pm$ 反对易。总结一下，$\{S^Z, S^\pm\} = 0, \{S^\pm, S^\pm\} = 0$，$\{S^\pm, S^\mp\} = 0$。

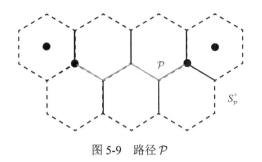

图 5-9　路径 $\mathcal{P}$

　　与 Kitaev 码类似，可以嵌入圆环上的双 Semion 模型以获得量子记忆（能够稳定存储量子态信息、抵抗退相干和噪声干扰的物理系统或编码方案），有两个逻辑量子位，例如，圆环上双 Semion 模型嵌入示意如图 5-10 所示。

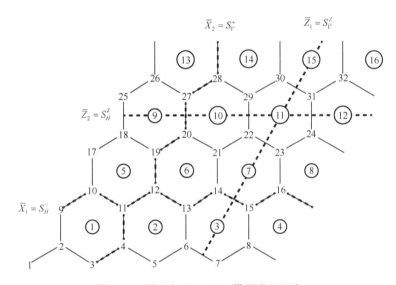

图 5-10　圆环上双 Semion 模型嵌入示意

　　有一个格子，其中嵌入了 16 个格子环面。由于有两个编码的逻辑量子位，需要两个成对的逻辑算子。定义一对逻辑量子比特为 $\overline{X}_1 = S_H^-$ 和 $\overline{Z}_1 = S_V^Z$，另一对为 $\overline{X}_2 = S_V^+$ 和 $\overline{Z}_2 = S_H^Z$。下标 H 代表水平路径，V 代表垂直路径。很明显，前面显示的这些算子集合满足对易规则和 Pauli 代数的必要反对易关系。注意，由于六边形晶格的原因，Z 算子的距离是 X 算子的一半，这里的"距离"是指量子门或算子在量子比特空间中的几何位置或相对位置。因此，可能会对某些类型的错误有更好的保护，而对其他类型的错误则不然。为了进行错误校正，稳定器必须定期进行测量，并且通过使用算子串将激发态集中在一起来消除它们。

考虑由 Pauli 算子组成的噪声模型，给出

$$\rho \to (1-p)\rho + p_X X\rho X + p_Y Y\rho Y + p_Z Z\rho Z \tag{5-26}$$

其中，$p = p_X + p_Y + p_Z$。特别地，为了更全面地评估量子系统在不同情况下的性能和鲁棒性，使用以下两种错误模型。

（1）$p_X = p_Z = p_0 - p_0^2$ 和 $p_Y = p_0^2$ 的独立比特翻转和相位翻转错误。每个量子位都独立作用于概率为 p_0 的 X 错误和相同的 Z 错误。这些错误发生的概率是 $p_{\text{eff}} = 1 - (1-p_0)(1-p_0) = 2p_0 - p_0^2$。

（2）去极化噪声的概率为 $p_X = p_Y = p_Z = p_{\text{eff}}/3$。在给定的量子比特中有 p_{eff} 的概率发生错误。每种错误类型（X、Y、Z）出现的可能性相同。使用 p_{eff} 比较其获得的独立和去极化噪声，其定义为给定量子位上发生这些错误的概率。对于这些由 Pauli 算子组成的噪声模型，确定 Pauli X 算子串的效果很重要。作用于代码的路径 $\mathcal{P}$ 上的算子，可以重写为一个 Pauli X 算子串

$$X_{\mathcal{P}} = \prod_{k\in\mathcal{P}} X_k = S_{\mathcal{P}}^+ \sum_j \left[F_{\mathcal{P}}(\vec{j})\right]^* |\vec{j}\rangle\langle\vec{j}| \tag{5-27}$$

对角线部分可以表示为 Pauli Z 算子串的和

$$\sum_j \left[F_{\mathcal{P}}(\vec{j})\right]^* |\vec{j}\rangle\langle\vec{j}| = \sum_{\mathcal{Q}\in\text{Conn}(\mathcal{P})} c(Z_{\mathcal{Q}})Z_{\mathcal{Q}} \tag{5-28}$$

其中，$Z_{\mathcal{Q}} = \prod_{j\in\mathcal{Q}} Z_j$ 是 Pauli Z 算子作用于量子比特 $\mathcal{Q}$ 的集合，包含 $\text{Conn}(\mathcal{P})$。系数 $c(Z_{\mathcal{Q}})$ 由 $c(Z_{\mathcal{Q}}) = \dfrac{1}{2^n}\text{Tr}\left(Z_{\mathcal{Q}}\sum_j\left[F_{\mathcal{P}}(\vec{j})\right]^*|\vec{j}\rangle\langle\vec{j}|\right)$ 给出，其中 $n=|\text{Conn}(\mathcal{P})|$。现在，如果将 $X_{\mathcal{P}}$ 应用于代码空间 $|L,C\rangle$ 中的状态，L 标记逻辑子空间，C 表示稳定器的特征值（顶点算子为+1，格子算子为−1），得到

$$X_{\mathcal{P}}|L,C\rangle = S_{\mathcal{P}}^+ \sum_{\mathcal{Q}\in\text{Conn}(\mathcal{P})} c(Z_{\mathcal{Q}})Z_{\mathcal{Q}}|L,C\rangle \tag{5-29}$$

$S_{\mathcal{P}}^+$ 翻转 $\mathcal{P}$ 处的顶点，$Z_{\mathcal{Q}}$ 翻转 $\mathcal{Q}$ 处的格子，即只有一个 Z 算子作用于 ∂p，即 $\mathcal{P}$ 包含的那些格子。当稳定器算子被测量时，等式中的状态崩溃。求和中剩下的是 $Z_{\mathcal{Q}}$

算子与测量的格子校正子相容的那些项。这意味着 Z_Q 需要满足 $\left[Z_Q, B_{\mathcal{P}}\right]_{s(\mathcal{P})} = 0$，其中 $s(\mathcal{P}) \in \{\pm 1\}$ 是 $\mathcal{P}$ 包含的格子的伴随式，$[\cdot,\cdot]_-$ 表示交换子，$[\cdot,\cdot]_+$ 表示反交换子。因此有

$$\left|L, C'\right\rangle = N S_{\mathcal{P}}^+ \sum_{Q \in G} c\left(Z_Q\right) Z_Q \left|L, C\right\rangle \tag{5-30}$$

其中，N 是归一化因子，$G = \left\{Q \in \operatorname{Conn}(\mathcal{P}) : \left[Z_Q, B_{\mathcal{P}}\right]_{s(\mathcal{P})} = 0, \forall \mathcal{P} \in B_{\mathcal{P}}\right\}$。$B_{\mathcal{P}}$ 代表集合 $\mathcal{P}$ 包含的格子。$\left|L, C'\right\rangle$ 是 Z_Q 端点处的格子的状态，以及 $S_{\mathcal{P}}^+$ 端点处的顶点。回到之前的状态，需要一个恢复操作 Z_R，该操作将状态从 $Z_Q \left|L, C\right\rangle$ 恢复到初始状态 $\left|L, C\right\rangle$，其中乘法 $Z_R Z_Q$ 形成 Pauli Z 算子的平凡循环在对偶格子中。因此，Z_R 纠正了格子错误。此外，应用一些 $S_{\mathcal{O}}^+$（通过使用 $\mathcal{O} + \mathcal{P}$，研究对称性 $\mathcal{O}$ 和 $\mathcal{P}$ 之间的差异，能够全面理解一个平凡的循环），恢复初始状态 $\left|L, C\right\rangle$。

当系统的量子态处于稳定状态（如基态或某种特定的激发态）下测量稳定器时，获得某个格子校正子的概率为

$$P(s) = \left| \sum_{Q \in G} c\left(Z_Q\right) \right|^2 \tag{5-31}$$

在单个 X 算子作用于一个量子位的情况下，格子激发的不同概率如表 5-1 所示。请注意，概率取决于边缘的方向，如图 5-11 所示，代码有一定的各向异性。

表 5-1　格子激发的不同概率

$S(p,q,r,s)$	概率		
	方向（a）	方向（b）	方向（c）
$(----)$	9/16	1/16	9/16
$(++--)$	1/16	1/16	1/16
$(+-+-)$	1/16	1/16	1/16
$(-++-)$	1/16	9/16	1/16
$(+--+)$	1/16	1/16	1/16
$(-+-+)$	1/16	1/16	1/16
$(--++)$	1/16	1/16	1/16
$(++++)$	1/16	1/16	1/16

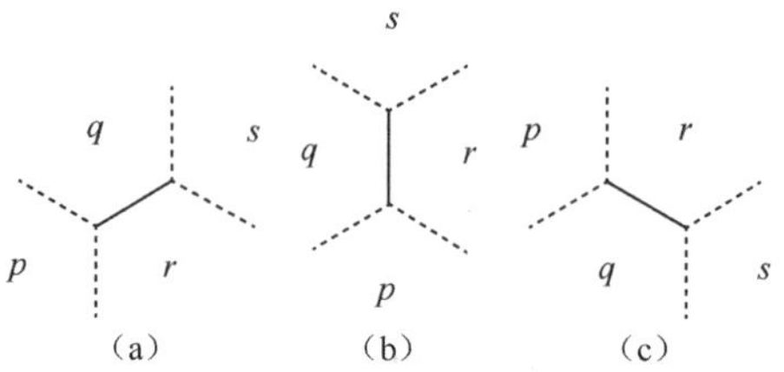

图 5-11　格子激发边缘方向

　　鉴于格子算子的复杂结构和由 Pauli X 和 Pauli Y 算子引起的稳定器校正子、格子和顶点算子的错误综合征将与噪声模型高度相关，即使对于独立的比特翻转和相位翻转错误。映射系统用 Kitaev 码确定阈值的方式将映射系统转换为易于处理的静态力学模型是极其困难的。因此，需要采用一种替代方法来解决这个问题，即神经网络解码器[14-15]。

5.3.4　神经网络解码器框架

　　强化学习考虑了与环境交互的智能体。代理可以操纵和观察并执行一系列动作以完成特定问题。通过强化学习，可以在系统中找到动作主体的最优策略。最优策略是在与系统交互过程中代理最佳回报的策略。离散问题通常考虑在每个时间步 t，环境可以由状态 $s_t \in S$ 表示，其中 S 是状态空间。给定一个状态，代理可以选择执行一个动作 $a_t \in A$，其中 A 是动作空间。根据代理选择动作后的结果更新状态，进入新的状态 s_{t+1}，并以回报 r_{t+1} 的形式向代理提供关于动作选择的反馈，在时间步 t 内，回报值 $R_t = r_{t+1} + \lambda r_{t+1} + \lambda^2 r_{t+1} + \cdots$，其中 $\lambda \leqslant 1$ 是量化评估即时和后续回报的回报率。每一步都会有一个恒定的回报 $r = 1$。在形式化代理的决策过程中，将代理的策略定义为 π，$\pi(a, s)$ 表示当概率处于 $a_t = a$ 时，代理选择 $s_t = s$。通过使用折扣累计回报的度量，任何给定状态的价值不仅取决于该状态遵循特定决策的即时回报，还要取决于未来的预期回报。

　　用 Q 函数表示一组动作的动作价值函数和累计回报的相应转换，使用式（5-32）更新 Q 的估计。

$$Q(s,a) + \delta\left[\left(r + \lambda \max_{a'} Q(s',a')\right) - Q(s,a)\right] \to Q(s,a) \qquad (5\text{-}32)$$

其中，$\delta < 1$ 是学习率。$Q(s,a)$ 表示 a 在状态 s 下的动作价值函数和累计回报的相

应转换，并且遵循一定的策略。在 Q 学习的下一步中，$Q(s,a)=r+\lambda\max_{a'}Q(s',a')$ 是用于量化 Q，$s\rightarrow s'$ 是当前 Q 的估计要遵循的最优策略。给出的策略是通过 $\max_a Q(s,a)$ 采取 a 最终会收敛到最优策略，遵循 ε-贪婪策略，它以 $1-\varepsilon$ 的概率对 $Q(s,a)$ 的估计采取最优动作，以概率 ε 采取随机动作。对于一个大的状态动作空间，不可能存储一个完整的动作价值函数。在深度 Q 学习中，使用深度神经网络来表示动作价值函数。输入层是某种状态的表示，输出层是可能动作的值，使用 $Q(s,a,\theta)$ 表示神经网络对 Q 函数的参数化，θ 表示网络的完整权重。

5.3.5 解决方案

神经网络解码器中的标准实践之一是训练神经网络来校正简单解码器的输出。可能出现 3 种不同的结果：错误被校正、代码返回到其原始状态（I 表示应用了同一性，即没有任何操作被施加到代码上），或者发生逻辑错误（X、Y 或 Z 错误）。通过训练神经网络来预测这个最终结果，即应用于代码的逻辑 Pauli 算子，可以校正简单的解码器。这样解码过程就变成了一个可以使用神经网络的分类问题。

在阐述神经网络解码器之前，首先要将 Semion 码嵌入环面。Semion 码的六角点阵映射到正方形，如图 5-12 所示，左边是一个六边形晶格示意，共 16 个格子，外圈数字是顶点算子，共 32 个。格子外的数据使用周期填充，表示 Semion 码的周期边界条件。右边是转换后的格子，阴影数字圆圈代表格子算子。"|" 的存在是保证六边形空间结构，它的值始终记录为零，并且不对应于稳定器测量的任何元素。数字用于表示顶点和格子算子，当代码距离为 d 时，有 $2d^2$ 个顶点和 d^2 个格子，所以共有 $3d^2$ 个稳定器。

假设顶点从右到左和从上到下标记了格子算子。顶点 v 的综合征对应晶格元素的 $W_{k,m}$，其中 k 和 m 表示为

$$k=2\times\left\lfloor\frac{v-1}{2d}\right\rfloor+1 \tag{5-33}$$

$$m=\mathrm{mod}\left(v-1+(1-2d)\left\lfloor\frac{v-1}{2d}\right\rfloor,2d\right)+1 \tag{5-34}$$

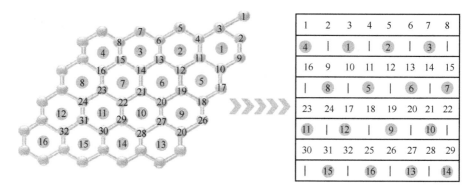

图 5-12　Semion 码嵌入环面

格子综合征 H 对应于晶格元素的 $W_{k,m}$，其中 k 和 m 表示为

$$k = 2 \times \left\lfloor \frac{p-1}{2d} \right\rfloor + 2 \tag{5-35}$$

$$m = \text{mod}\left(2p + (1-4d)\left\lfloor \frac{p-1}{d} \right\rfloor, 2d \right) + 1 \tag{5-36}$$

　　特别地，考虑嵌入环面，如图 5-12 所示。简单解码器将使用最短路径，将所有激发带到网格的同一点，顶点 1 或格子 1，以消除所有激发。此恢复操作会产生一个逻辑错误（I、X、Y 或 Z 错误），神经网络会尝试纠正该错误。注意，由于 Semion 码嵌入环面上，有两个逻辑量子位。因此，共有 16 种可能的错误组合。神经网络的输入是征状测量值，而输出是这 16 种可能的错误组合之一。输入将以数组的形式给出（比特维度（一维）或二维），1 对应于稳定器激发，0 对应于无激发。请注意，一个顶点和一个格子综合征是冗余的，因为如果知道其余部分，就可以获得它们，校正子和错误激发是成对创建的。但是在存在测量错误的情况下（当测量的综合征不再完美），这不再适用，并且所有征状都变得相关。设置没有考虑测量错误，因此可以忽略这两个输入，但保留它们以具有更一般化的模型，并保留嵌入 CNN 的二维阵列的空间结构。

　　根据噪声模型的相应概率分布和式（5-36）的格子综合征的概率分布，采用 Pauli 错误的样本来生成训练数据。用简单解码器产生的逻辑错误来标记校正子数据。在训练过程中，神经网络首先在低错误率的较小训练集上进行训练。然后，以接近阈值的错误率训练网络，以获得最佳性能。由于事先不知道阈值，因此需要检查几个错误率。通过使用最小权重完美匹配（MWPM）解码器，可以容易地获得下限。尽管该模型是针对某个错误率而训练的，但它对于较低的错误率也表现良好。

5.4　基于两格点玻色–哈伯德模型的量子纠错方案

5.4.1　引言

哈伯德模型是研究强关联量子系统最常用的模型。根据所研究系统是费米或者玻色系统，哈伯德模型可分为费米–哈伯德模型和玻色–哈伯德模型。本节将两格点玻色–哈伯德模型[16]作为基础环境对一维离散时间量子漫步[17]进行改进，旨在纠正粒子进行量子漫步时产生的错误，量子漫步算法纠错示意如图 5-13 所示。

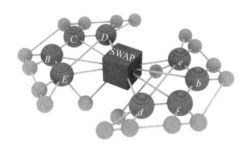

图 5-13　量子漫步算法纠错示意

图 5-13 中存在左右两层晶格且晶格节点相互对应，左边字母标号晶格节点表示量子漫步节点，右边字母标号晶格节点表示量子纠错编码节点，SWAP 表示量子交换门。

5.4.2　模型哈密顿量

首先，引入玻色子产生算子 $\hat{b}_j^\dagger$ 和湮灭算子 $\hat{b}_j$ 构造两格点玻色–哈伯德模型，其中 $j = 1, 2 \cdots, n$，算子满足对易关系

$$\left[\hat{b}_i, \hat{b}_j\right] = 0, \quad \left[\hat{b}_i^\dagger, \hat{b}_i^\dagger\right] = 0, \quad \left[\hat{b}_i, \hat{b}_j^\dagger\right] = \delta_{ij} \tag{5-37}$$

根据产生和湮灭算子可以得到两格点玻色–哈伯德模型的哈密顿量

$$\hat{H} = -t\sum_{k=1}\left(\sum_{j_1\cdots j_k}\tilde{b}^{\dagger}_{j_1}\cdots\tilde{b}^{\dagger}_{j_k}\sum_{j'_1\cdots j'_k}\tilde{b}^{\dagger}_{j'_1}\cdots\tilde{b}^{\dagger}_{j'_k}\right) + \sum_{j}V(\hat{n}_j) + \sum_{j}\varepsilon_j\hat{n}_j \qquad (5\text{-}38)$$

其中，t 为模型中的粒子跃迁强度（这里取 $t=1$），ε_j 为局域势（包含有效的随机局域势和局域缺陷），$V(\hat{n}_j)$ 为晶格中粒子相互作用的强度，即

$$V(\hat{n}_j) = V_2(\hat{n}_j) + V_3(\hat{n}_j) + \cdots = \frac{U_1}{2}\hat{n}_j(\hat{n}_j-1) + \frac{U_2}{6}\hat{n}_j(\hat{n}_j-1)(\hat{n}_j-2) + \cdots \qquad (5\text{-}39)$$

其中，$V_2(\hat{n}_j)$ 和 $V_3(\hat{n}_j)$ 分别表示两个粒子和三个粒子相互作用的强度。

式（5-38）中求和计算式的两个下标集合 $\{j_1,\cdots,j_k\}$ 和 $\{j'_1,\cdots,j'_k\}$ 存在限制，求和涉及所有晶格，但两个集合中的数值不相同，并且算子 $\tilde{b}^{\dagger}_j$ 和 $\tilde{b}_j$ 满足一定条件

$$\tilde{b}^{\dagger}_j = \hat{b}^{\dagger}_j f(\hat{n}_j),\quad \tilde{b}_j = \hat{b}_j f(\hat{n}_j),\quad f(\hat{n}_j) = \frac{1}{\sqrt{\hat{n}_j+1}} \qquad (5\text{-}40)$$

其中，$\hat{n}_j = \hat{b}^{\dagger}_j\hat{b}_j$ 为第 j 个晶格上的粒子数算子。而算子 $\{\tilde{b}^{\dagger}_j,\tilde{b}_j,\hat{n}_j\}$ 生成欧几里得代数，且满足一定的对易关系

$$\left[\hat{n}_j,\tilde{b}^{\dagger}_j\right] = \tilde{b}^{\dagger}_j,\quad \left[\hat{n}_j,\tilde{b}_j\right] = -\tilde{b}_j,\quad \left[\tilde{b}_j,\tilde{b}^{\dagger}_j\right] = \delta_{n_j,0} \qquad (5\text{-}41)$$

根据模型的哈密顿量可以得出该模型可使多个粒子同时进行跃迁，但跃迁强度将随着晶格上粒子数的增加而减弱。接下来，对两格点玻色-哈伯德模型中任意两个粒子进行置换但不会出现新粒子的性质进行验证。

首先，确定 n 个玻色子 Hilbert 空间 H 的限制条件，即本次验证需要在 2^n 维 Hilbert 计算空间 C 中进行计算。局部存储单元通过子集 $H_C \subseteq H$（$|H_C| = 2^n$）进行编码，并且子集与存储空间存在同构关系 $\rho: H_C \rightarrow C$，则 H_C 与 C 可以进行交替使用。然后，假设模型中任意一个量子态 $|\Phi\rangle \in H_C$，该量子态在模型系统中提供了 n 个量子比特的计算基态编码，根据同构关系可以得到 $|\Phi\rangle_C = \rho|\Phi\rangle$。将 H_C 与计算空间外的状态空间 H_τ（$H_\tau = H \setminus H_C$）进行耦合，可以得到哈密顿量函数并使粒子在计算空间 C 中产生纠缠，且任意的量子态 $|\varphi\rangle \in H$ 都不存在于 H_τ，这是因为耦合后的哈密顿量函数在 C 中的演化是非幺正的。这样就验证了任何初始状态都可以映射到 Hilbert 计算空间 H_C 中，也可以作为有效的计算状态再次返回到计算空间 C 中。

5.4.3　量子晶格编码

根据上述验证过程，在模型中使两个对应的粒子产生纠缠需要对模型的量子晶格进行重新编码。假设存在二维量子晶格，分别标记为 V_0 和 V_1，二维量子晶格编码过程如图 5-14 所示，其中 V_0 为进行量子漫步的晶格，V_1 为纠错编码的晶格。V_0 和 V_1 中标号对应的两个晶格代表一个量子位，计算基态为 $|0\rangle$ 和 $|1\rangle$。相应晶格中的粒子必须是纠缠的，接下来将展示量子晶格是如何进行编码的，以及粒子是如何产生纠缠的。模型中任意的初始量子态 $|\Phi\rangle$ 需要满足归一化条件

$$\sum_{i=0}^{1}\left|\left\langle\Phi\left|\tilde{b}_{j,i}^{\dagger}\tilde{b}_{j,i}\right|\Phi\right\rangle\right|^{2}=1 \tag{5-42}$$

其中，i 表示二维量子晶格。

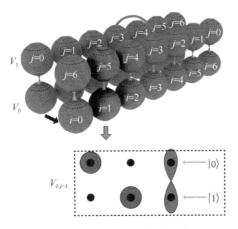

图 5-14　二维量子晶格编码过程

图 5-14 中量子晶格 V_1 用杨图方法进行重新编码，而 V_0 中量子晶格的位置保持不变。下方晶格的编码方式为 $V_{0,i=1}$：$|0\rangle\otimes|1\rangle\otimes\big(|0\rangle+|1\rangle\big)$。

在两格点玻色-哈伯德模型中量子晶格属于二维空间，根据模型的置换性质需要确定计算基态的映射关系与产生、湮灭算子的函数关系，为粒子在晶格上进行交换作铺垫，则函数关系可以描述为

$$\tilde{b}_{j,0}^{\dagger}\tilde{b}_{j+1,0}^{\dagger}|00\rangle_{j}|00\rangle_{j+1}=|10\rangle_{j}|10\rangle_{j+1}\leftrightarrow|0\rangle_{j}|0\rangle_{j+1} \tag{5-43}$$

$$\tilde{b}_{j,0}^{\dagger}\tilde{b}_{j+1,1}^{\dagger}|00\rangle_{j}|00\rangle_{j+1}=|10\rangle_{j}|01\rangle_{j+1}\leftrightarrow|0\rangle_{j}|1\rangle_{j+1} \tag{5-44}$$

$$\tilde{b}_{j,1}^{\dagger}\tilde{b}_{j+1,0}^{\dagger}|00\rangle_{j}|00\rangle_{j+1}=|01\rangle_{j}|10\rangle_{j+1}\leftrightarrow|1\rangle_{j}|0\rangle_{j+1} \tag{5-45}$$

$$\tilde{b}_{j,1}^{\dagger}\tilde{b}_{j+1,1}^{\dagger}|00\rangle_{j}|00\rangle_{j+1}=|01\rangle_{j}|01\rangle_{j+1}\leftrightarrow|1\rangle_{j}|1\rangle_{j+1} \tag{5-46}$$

上述函数关系是利用粒子数（Fock 数）对模型二维晶格中的量子态进行编码。

本节主要计算两粒子间的纠缠度，因此可以对两格点玻色-哈伯德模型的哈密顿量进行简化，即将模型系统中两粒子以上相互作用的参数舍弃

$$\hat{H}_{1}=-\sum_{y=1}^{N}\left(t_{12}^{y}\hat{b}_{j,0}^{\dagger}\hat{b}_{j,1}+t_{21}^{y}\hat{b}_{j,1}^{\dagger}\hat{b}_{j,0}\right)+\frac{U}{2}\sum_{j=1}^{2}\hat{n}_{j}(\hat{n}_{j}-1) \tag{5-47}$$

式（5-47）只考虑两粒子相互作用（U 为两粒子相互作用的强度），且局域势取值为 0，N 表示晶格粒子总数，j 表示晶格位置，而简化哈密顿量参数 t_{ij} 与粒子跃迁强度的关系为

$$t_{ij}=t\sqrt{\frac{\hat{n}_{i}!(\hat{n}_{j}-y)!}{\hat{n}_{j}!(\hat{n}_{i}-y)!}} \tag{5-48}$$

假设两格点玻色-哈伯德模型中 $N=6$，晶格按照杨图方法进行重新编码，使上下两层晶格相互对应

$$|06\rangle,|15\rangle,|24\rangle,|33\rangle,|42\rangle,|51\rangle,|60\rangle \tag{5-49}$$

根据式（5-47）、式（5-48）和式（5-49），将得到 $N=6$ 时晶格的能量矩阵，记为 E_6，易知能量矩阵的维数是 7。

$$E_6=-t\begin{pmatrix} -\frac{15U}{t} & 1 & 1 & 1 & 1 & 1 & 1 \\ 1 & -\frac{10U}{t} & 1 & 1 & 1 & 1 & 1 \\ 1 & 1 & -\frac{7U}{t} & 1 & 1 & 1 & 1 \\ 1 & 1 & 1 & -\frac{6U}{t} & 1 & 1 & 1 \\ 1 & 1 & 1 & 1 & -\frac{7U}{t} & 1 & 1 \\ 1 & 1 & 1 & 1 & 1 & -\frac{10U}{t} & 1 \\ 1 & 1 & 1 & 1 & 1 & 1 & -\frac{15U}{t} \end{pmatrix} \tag{5-50}$$

在能量矩阵 E_6 中，当粒子相互作用强度和粒子跃迁强度参数的比值 $\dfrac{U}{t}$ 确定时，利用矩阵对角化方法可以得到晶格能量矩阵的特征值 $\{E_6^i\}_{i=0}^6$ 和模型的基态。粒子相互作用强度和粒子跃迁强度这两个参数的值确定后进行粒子纠缠操作。

$$\eta = -\frac{1}{M}\sum_{i=1}^{M}\mathrm{Tr}\omega_i \log_{N+1}\omega_i = -\mathrm{Tr}\omega\log_{N+1}\omega \tag{5-51}$$

其中，M 表示晶格总数，ω_i 表示第 i 个晶格的约化密度矩阵。下一步是找出 $\dfrac{U}{t}$ 与纠缠度 η 之间的关系。

当晶格总数和粒子总数确定时，两格点玻色–哈伯德模型的特征值可用贝特拟设方法进行重新描述

$$|\omega\rangle = \sum_{j=1}^{M}\omega_{n_j}^{\delta}|n_1\cdots n_M\rangle \tag{5-52}$$

其中，$\{\omega_{n_j}^{\delta}\}_{j=1}^{M}$ 为特征值的展开系数，当粒子相互作用强度不为 0 时，展开系数可以表示为 $\omega_{n_j}^{\delta} = \dfrac{1}{F(m,n)}$，$F(m,n)$ 为杨图计算方法。

$$F(m,n) = E^{\delta} - t - \sum_{j=1}^{M}V\left(\hat{n}_j\right) - \sum_{j=1}^{M}\varepsilon_j\hat{n}_j \tag{5-53}$$

在杨图中，$-t\sum_{m,n}C(m,n)/F(m,n) = 1$，$\{m,n|m \geqslant n\} \in \{1,\cdots,N\}$。当 $m=n$ 时，$C(m,n)=1$；当 $m \neq n$ 时，$C(m,n)=2$。当 $N=6$ 时，式（5-53）可写为

$$F(6,0) = E^{\delta} - t - 15U, \quad F(5,1) = E^{\delta} - t - 10U$$

$$F(4,2) = E^{\delta} - t - 7U, \quad F(3,3) = E^{\delta} - t - 6U \tag{5-54}$$

由此可以对纠缠度的计算式（即式（5-51））进行改进，根据式（5-52），两格点玻色–哈伯德模型中的两个对应粒子哈密顿量的特征值可简化为

$$|\omega_{12}\rangle = \sum_{j=1}^{M}\omega_{n_1,n_2}^{\delta}|n_1 n_2\rangle \tag{5-55}$$

其中，$n_1 + n_2 = N$。模型的两粒子纯态密度矩阵可表示为

$$\omega_{12} = |\omega_{12}\rangle\langle\omega_{12}| \tag{5-56}$$

式（5-56）中第一个粒子的约化密度矩阵为

$$\omega_1 = \mathrm{Tr}_2\omega_{12} = \sum_{n_2=0}^{N}\langle n_2|\omega_{12}|n_2\rangle = \sum_{n_2=0}^{N}\langle n_2|\omega_{12}\rangle\langle\omega_{12}|n_2\rangle \tag{5-57}$$

计算式（5-57）中的内积，得到

$$\langle n_2|\omega_{12}\rangle = \sum_{n_1'}\omega_{n_1',n_2}^{\delta}|n_1'\rangle \tag{5-58}$$

将式（5-58）代入式（5-57），得到

$$\omega_1 = \sum_{n_2=0}^{N}\left(\sum_{n_1'}\omega_{n_1',n_2}^{\delta}|n_1'\rangle\sum_{n_1''}\omega_{n_1'',n_2}^{\delta}|n_1''\rangle\right) \tag{5-59}$$

$$\mathrm{Tr}\omega_1 = \sum_{n_1}\langle n_1|\omega_1|n_1\rangle = \sum_{n_1,n_2}\left|\omega_{n_1,n_2}^{\delta}\right|^2 \tag{5-60}$$

求解两粒子的纠缠度，根据密度矩阵和式（5-52），纠缠度计算式可简化为

$$\eta = -\mathrm{Tr}\left(\omega\log_{N+1}\omega\right) = -\sum_{n_1,n_2}\mathrm{Tr}(\omega_1)\log_{N+1}\mathrm{Tr}(\omega_1) =$$
$$-\sum_{n_1,n_2}\left|\omega_{n_1,n_2}^{\delta}\right|^2\log_{N+1}\left|\omega_{n_1,n_2}^{\delta}\right|^2 = -\sum_{m,n}^{N}\frac{1}{F(m,n)^2}\log_{N+1}\frac{1}{F(m,n)^2} \tag{5-61}$$

将式（5-53）代入 $-t\displaystyle\sum_{m,n}C(m,n)/F(m,n)=1$，得到贝特方程

$$-t\left(\frac{2}{E^{\delta}-t-15U}+\frac{2}{E^{\delta}-t-10U}+\frac{2}{E^{\delta}-t-7U}+\frac{2}{E^{\delta}-t-6U}\right)=1 \tag{5-62}$$

利用 Mathmatica 仿真软件，在确定 t 和 U 的值后可以求出晶格的能量特征值，将此时的能量特征值与式（5-50）通过矩阵对角化求出的特征值进行对比，会发现两者相等，但贝特拟设方法更加简便。利用 Mathmatica 仿真软件计算两粒子纠缠度，所得结果如图 5-15 所示。

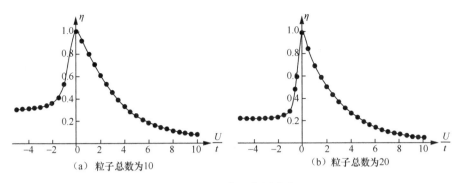

（a）粒子总数为10　　　　　　　（b）粒子总数为20

图 5-15　两粒子的纠缠度

根据图 5-15 可知，当粒子相互作用强度和粒子跃迁强度的比值 $\dfrac{U}{t}$ 趋近于 0 时，纠缠度 η 趋近于 1。因此，控制模型中这两个参数的数值可以使两个对应粒子产生纠缠。

量子交换门（SWAP）存在限制条件，即交换时间需要满足

$$\text{Time} = 4\sqrt{\frac{(2b+1)\pi}{2t}}, \quad b \geqslant 0 \tag{5-63}$$

其中，b 为整数。在这个限制条件下，当粒子进行交换时产生纠缠状态，即需要满足条件

$$\frac{U}{t} = 4\sqrt{\frac{a^2}{(2b+1)^2} - 1} \approx 0, \ 2b+1 < a \tag{5-64}$$

根据此限制条件构造量子交换门

$$\text{SWAP} = \begin{pmatrix} e^{-i\alpha\pi} & 0 & 0 & 0 \\ 0 & 0 & -1 & 0 \\ 0 & -1 & 0 & 0 \\ 0 & 0 & 0 & e^{-i\alpha\pi} \end{pmatrix} \tag{5-65}$$

其中，$\alpha = a + \sqrt{a^2 - 4b(b+1) - 1}$。$a$ 和 b 的取值依赖于粒子的纠缠度，$\dfrac{U}{t}$ 趋近于 0 时两个粒子才能够产生纠缠，此时量子交换门能够使量子漫步的粒子和对应粒子进行交换，完成量子漫步纠错。

5.4.4 量子漫步纠错过程

由于局域欧几里得代数的生成元是用来构造双晶格玻色-哈伯德模型的，因此需要基于生成元对量子漫步算法的演化算子进行修正，使量子漫步算法能够适应模型环境。假设粒子总数为 N 的模型的生成元为 $\{\xi_i\}_{i=1}^{N}$，则量子漫步转移算子和硬币算子的修正情况如下。

$$S' = |\xi_1\rangle\langle\xi_1| \otimes \sum_{n=0}^{N-1}|n+1\rangle\langle n| + |\xi_2\rangle\langle\xi_2| \otimes \sum_{n=0}^{N-1}|n-1\rangle\langle n| \tag{5-66}$$

$$P' = \sum_{p,q=1}^{N} |\xi_p\rangle\langle\xi_q| \tag{5-67}$$

其中，S' 为转移算子，P' 为硬币算子，本节只选择两个生成元构造硬币算子。

第 5.4.3 节证明了通过控制 $\dfrac{U}{t}$ 的大小，可以使两个相应晶格的粒子产生纠缠。因此，根据两格点玻色-哈伯德模型的性质，当粒子漫步到晶格 β_{V_0} 时，它可以与另一层的晶格 β_{V_1} 交换，晶格 β_{V_1} 已经进行量子纠错编码，能够对晶格 β_{V_0} 上的粒子进行纠错。

在 n 个量子比特的模型系统中，当粒子进行离散时间量子漫步演化时，会在每个对应晶格上编码一个量子测量算子，测量算子为

$$V = \sum_{i=0}^{N-1}\sum_{j=0}^{1} |\beta\rangle_{i,j}\langle\beta|_{i,j} \tag{5-68}$$

其中，$|\beta\rangle_{i,0}$ 和 $|\beta\rangle_{i,1}$ 是如图 5-14 所示晶格上的量子态，$|\beta\rangle_{i,0}$ 为进行量子漫步晶格上的量子态，$|\beta\rangle_{i,1}$ 为量子纠错编码晶格上的量子态。根据第 5.4.3 节得出的结论，$|\beta\rangle_{i,0}$ 和 $|\beta\rangle_{i,1}$ 在粒子相互作用强度和粒子跃迁强度的比值接近 0 时是纠缠的。量子态 $|\beta\rangle_{i,0}$ 从初始位置进行量子漫步后的叠加态为

$$|\Psi(t_0)\rangle = \sum_{n=0}^{N-1}\left(\psi_{1,n}(t_0)|\xi_1,n\rangle + \psi_{2,n}(t_0)|\xi_2,n\rangle\right) \tag{5-69}$$

其中，$\psi_{1,n}$ 和 $\psi_{2,n}$ 为叠加态振幅，$|\xi_1\rangle$ 和 $|\xi_2\rangle$ 为硬币态，$|n\rangle$ 为位置态。在量子漫步过程中，受噪声影响主要出现两种错误，即相位翻转错误和比特翻转错误。但是式（5-69）

中的振幅是由叠加态产生的，比特翻转错误会直接破坏$|0\rangle$和$|1\rangle$的振幅分布，因此，错误检测和校正主要针对比特翻转错误。量子漫步算法纠错线路如图 5-16 所示，其中 QPE 和 QPE† 分别表示基于相位的编码交换与逆变换。

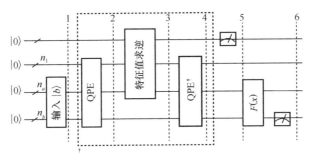

图 5-16　量子漫步算法纠错线路

在图 5-16 中，粒子在进行量子漫步时，通过量子交换门（SWAP）交换到对应晶格中，通过量子纠错编码修正硬币态和位置态后，再将其交换到进行量子漫步的晶格中。

5.4.5　纠错和解决方案

本节基于两格点玻色–哈伯德模型，实现了量子漫步算法纠错的改进。通过控制模型中粒子相互作用和粒子跃迁强度的比值使对应粒子产生纠缠，省略构造相位门的过程，减少算法运行时间。然而，当晶格中粒子的数量或系统的大小超过一定的阈值时，就不可能准确地控制粒子的跃迁强度和粒子相互作用，从而破坏粒子纠缠操作。因此，目前只适用于二维晶格中，以后的工作会将算法推广到三维空间中。

利用杨图方法对模型晶格进行重新编码，产生位置相互对应的晶格。根据贝特拟设方法得到晶格能量矩阵的特征值，比矩阵对角化方法求解过程更加简便。根据两格点玻色–哈伯德模型的量子态表示方法，对一般纠缠度计算式进行推导，使纠缠度与粒子相互作用和粒子跃迁强度的比值 $\dfrac{U}{t}$ 产生关联，通过控制比值大小（比值趋于 0）实现两个粒子在晶格中量子态的纠缠，然后利用模型中粒子交换不产生新元素的性质对量子漫步算法进行纠错。最后，对模型粒子总数为 30 的纠缠度进行数值仿真，如图 5-17 所示，可以看出，当粒子总数增加时，控制粒子相互作用强度和粒子跃迁强度的比值趋近于 0 时，纠缠度依然能够趋近于 1。

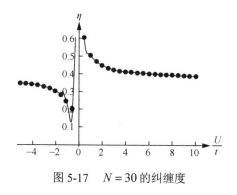

图 5-17　　$N = 30$ 的纠缠度

5.5　小结

　　本章系统探讨了多种量子纠错方案,通过结合拓扑码特性与智能算法提升量子系统的抗噪能力。针对拓扑码,基于机器学习的方法利用卷积神经网络处理校正子数据,通过大量训练优化解码器参数,在去极化噪声下实现接近理论阈值的纠错性能;对于表面码的复杂错误校正链问题,引入强化学习与双 Q 学习算法,将纠错过程建模为动态优化问题,显著降低逻辑错误率并缩短纠错路径。此外,针对六边形晶格的 Semion 码,通过改进格子算子与神经网络分类策略,解决了非 Pauli 稳定器的解码难题,验证了各向异性晶格中的纠错可行性。在具体模型层面,基于两格点玻色-哈伯德模型的设计,通过调控粒子相互作用与粒子跃迁强度的比值诱导量子态纠缠,结合杨图编码与贝特拟设方法简化能量计算,实现了量子漫步算法的纠错改进。实验表明,即使在多粒子场景下,控制关键参数仍可使纠缠度趋近于 1,证明了方案的扩展潜力。整体上,本章通过融合拓扑码的几何约束优势与数据驱动的算法优化,构建了一套高效、低开销的纠错框架,为量子计算的实际应用提供了理论基础与技术支撑,未来工作将进一步探索三维扩展与硬件适配问题。

参考文献

[1]　KNILL E, LAFLAMME R, VIOLA L. Theory of quantum error correction for general noise[J]. Physical Review Letters, 2000, 84(11): 2525-2528.

[2]　POULIN D. Stabilizer formalism for operator quantum error correction[J]. Physical Review

Letters, 2005, 95(23): 230504.

[3]　CLEVE R. Quantum stabilizer codes and classical linear codes[J]. Physical Review A, 1997, 55(6): 4054-4059.

[4]　GOTTESMAN D. Theory of fault-tolerant quantum computation[J]. Physical Review A, 1998, 57(1): 127-137.

[5]　STARK C, POLLET L, IMAMOĞLU A, et al. Localization of Toric code defects[J]. Physical Review Letters, 2011, 107(3): 030504.

[6]　VIDAL J, DUSUEL S, SCHMIDT K P. Low-energy effective theory of the Toric code model in a parallel magnetic field[J]. Physical Review B, 2009, 79(3): 033109.

[7]　CASTELNOVO C. Negativity and topological order in the Toric code[J]. Physical Review A, 2013, 88(4): 042319.

[8]　LINKE N M, GUTIERREZ M, LANDSMAN K A, et al. Fault-tolerant quantum error detection[J]. Science Advances, 2017, 3(10): e1701074.

[9]　MAGESAN E, GAMBETTA J M, CÓRCOLES A D, et al. Machine learning for discriminating quantum measurement trajectories and improving readout[J]. Physical Review Letters, 2015, 114(20): 200501.

[10]　FOWLER A G, WANG D S, HILL C D, et al. Surface code quantum communication[J]. Physical Review Letters, 2010, 104(18): 180503.

[11]　HASSELT H. Double Q-learning[J]. Advances in Neural Information Processing Systems, 2010(23).

[12]　YAO X C, WANG T X, CHEN H Z, et al. Experimental demonstration of topological error correction[J]. Nature, 2012(482): 489-494.

[13]　FREEDMAN M H, HASTINGS M B. Double Semions in arbitrary dimension[J]. Communications in Mathematical Physics, 2016, 347(2): 389-419.

[14]　BAIREUTHER P, CAIO M D, CRIGER B, et al. Neural network decoder for topological color codes with circuit level noise[J]. New Journal of Physics, 2019, 21(1): 013003.

[15]　VARSAMOPOULOS S, BERTELS K, ALMUDEVER C G. Decoding surface code with a distributed neural network–based decoder[J]. Quantum Machine Intelligence, 2020, 2(1): 3.

[16]　MISHRA T, PAI R V, RAMANAN S, et al. Supersolid and solitonic phases in the one-dimensional extended Bose-Hubbard model[J]. Physical Review A, 2009, 80(4): 043614.

[17]　CHILDS A M, GOLDSTONE J. Spatial search by quantum walk[J]. Physical Review A, 2004, 70(2): 022314.

第6章
实际应用

如果量子错误修正（QEC）不能在实验室中复现，则毫无实际意义。此外，即使它可以在小型实验室的实验中实现，这些实验实际上也不需要可扩展到大型量子计算机的技术，其中大型量子计算机被定义为足够大，并且在某些问题上优于最好的经典计算机。本章将研究实现 QEC 的一些实验。这些实验证明离可行的 QEC 还有很长一段距离，同时也证明了如果量子计算可行，未来需要实现的原理及证明方法。本章讨论的目标是 QEC 的实验实现，而不是使用被动或开环方法的实验。

6.1 低损耗置信传播译码器

6.1.1 问题概述

量子算法会受到环境中噪声或信道中随机扰动强度大小的影响，导致量子译码器出现错误而无法达到预期结果。近年来，量子计算和量子通信方面的研究有了质的飞跃，相应的量子纠错编码也被用于压缩和测量等领域。此外，量子低密度奇偶校验（QLDPC）码[1-3]在量子安全通信和量子计算中得到了广泛的应用，量子纠错编码中错误校正问题已经成为量子计算中的一个研究热点。

首先，对于现有译码器存在巨大的挑战，主要在于译码和误帧率还没有达到最优的效果，而且环境中的噪声或信道中随机扰动的强度会对译码器造成巨大影响。在这些问题中最困难的是如何解决现有译码器节点重复。本章主要研究如何解决这一问题，并利用 Tanner 图[4-5]构造 GF(4)增广模型置信传播（BP）译码器。BP 算法可以实现硬件并行化运算，其复杂度仅与代码长度呈线性关系，因此，不存在错误平层。

其次，QLDPC 码不仅具有稀疏矩阵、二部图和接近 Shannon 极限的性质，而且还具有 Tanner 图的指向性。由于 QLDPC 码具有并行计算的优势，近年来，国内外学者对其研究的兴趣一直在增加。根据这些性质可以知道其环的长度不大于 1，这避免了在 Tanner 图上进行节点复制可能引起的问题，降低了量子纠错编码和译码器构造的难度，提高了译码效率。

6.1.2　解决方案

本节结合稳定子的特性，研究了一种基于 QLDPC 码的 BP 算法译码改进方案。稳定子理论上是 GF(4)线性码，构造了一种基于 Tanner 图的 QLDPC 码 GF(4)增广模型 BP 译码器。一般来说，BP 算法的复杂度与代码长度呈线性关系。因此，采用硬件并行实现的方法可以大大提高译码器的速度。随着信噪比（SNR）[6]的增加，它没有出现错误平层的现象（地毯效应），BP 算法的低损耗译码误帧率（FER）[7]有较明显的减小趋势。该译码器增加了一个具有 Tanner 图的增广模型，可以检查重复节点。基于增广模型的译码器采用条件概率分布和边际概率分布计算误帧率，利用 GF(4)的算法规则和交换原理，采用傅里叶逆变换和 Hadamard 变换进行译码。仿真结果表明，与现有译码器相比，本节提出的译码器具有更强的抗干扰能力，在随机扰动强度和尝试次数方面都能取得更好的 FER 性能。

线性码的 Tanner 图是一个二部图 $G = (V, C, E)$。变量节点 $V = \{v_1, \cdots, v_n\}$ 对应 n 个错误分量，校验节点 $C = \{c_1, \cdots, c_m\}$ 对应校验矩阵 H 的行施加 m 个约束。如果在 $i = 1, 2, \cdots, m$ 和 $j = 1, 2, \cdots, n$ 的前提下，$H_{ij} \neq 0$，那么边 $c_i, v_j \in E$ 连接校验节点 c_i 和变量节点 v_i。例如，[[5,1,3]] Hamming 码检测 X 错误和 Z 错误的奇偶校验矩阵分别表示为

$$H_X = \begin{pmatrix} 1 & 0 & 0 & 1 & 0 \\ 0 & 1 & 0 & 0 & 1 \\ 1 & 0 & 1 & 0 & 0 \\ 0 & 1 & 0 & 1 & 0 \end{pmatrix}, H_Z = \begin{pmatrix} 0 & 1 & 1 & 0 & 0 \\ 0 & 0 & 1 & 1 & 0 \\ 0 & 0 & 0 & 1 & 1 \\ 1 & 0 & 0 & 0 & 1 \end{pmatrix} \tag{6-1}$$

Z 错误和 X 错误的 Tanner 图如图 6-1 所示，$\{v_1, v_2, v_3, v_4, v_5\}$ 表示 [[5,1,3]] 的变量节点，$\{c_1, c_2, c_3, c_4\}$ 表示其校验节点。校验节点中的实线箭头表明校验节点序列具有循环差集特性，连接变量节点的虚线表示信息的传输。

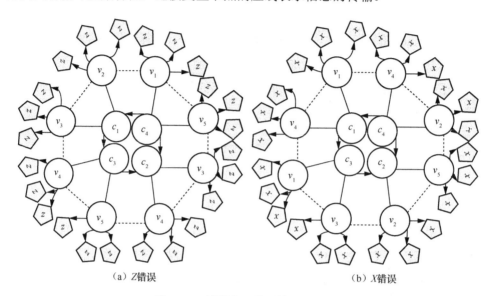

（a）Z错误   （b）X错误

图 6-1 Z 错误和 X 错误的 Tanner 图

6.1.3 置信传播译码器的局限性

BP 算法，又称消息传递算法或和积算法，将变量消去法中的和积操作看作一个消息传递过程，解决了求解多个边际分布时的重复计算问题。利用具有 Tanner 图的 BP 算法可以避免节点重复问题，从而节省大量的计算资源。对于一般的 QLDPC 码，当环长度大于或等于 2 时，会存在节点重复的缺陷。在进行译码器操作时，许多节点可能会重新计算两次以上，导致 FER 相对较高，而对于所构造的 QLDPC 码加上 Tanner 图，环只有 1 个，这一优势条件使 FER 呈现下降的趋势。

BP 算法的构造如下。

所有的错误态 $E \in P_n$ 都会对 n 位量子码产生影响，只有符合稳定子和错误算子交换规律的态才能度量，一般用 S_c 表示，错误算子 s 下的条件概率分布为

$$P(E \mid s) \propto P(E) \prod_{c=1}^{C} \varepsilon_{S_c} \cdot E \cdot S_c \tag{6-2}$$

其中，ε_{S_c} 为系数。置信传播因其固有的局限性，如果它不在 Tanner 图上就不能检查是否存在节点复制。因此，本节通过添加具有 Tanner 图的 GF(4)增广模型对经典 BP 译码器进行改进，解决了经典 BP 译码器无法检查节点重复的问题，同时进一步降低了 FER。从校验节点转移到变量节点的信息可以表示为

$$m_{c \to v}(E_v) \propto \sum_{E_v: v' \in n(c) \backslash v} (\varepsilon_{S_c} \cdot S_c \cdot E_c \prod_{v' \in n(c) \backslash v} (\varepsilon_{S_c} m_{v \to c'}(E_{v'}))) \qquad (6\text{-}3)$$

其中，E_v 和 $E_{v'}$ 分别表示变量节点 v 和 v' 上的错误态。该系数 ε_{S_c} 可由归一化计算式 $\sum_{E_c} m_{c \to v} = 1$ 求得。算法初始化时，其先验概率可认为是 0。

根据上述信息，每个变量节点向其相邻校验节点发送消息，表示为

$$m_{v \to c}(E_v) \propto P(E_v) \prod_{c' \in n(v) \backslash c} m_{c' \to v}(E_v) \qquad (6\text{-}4)$$

其中，$n(v) \backslash c$ 表示 v 除 c 外的所有相邻节点。基于上述 BP 算法，对于 GF(2)和 GF(4)BP 译码器，在随机扰动强度 p 为0.008～0.02 的条件下，绘制出 [[5,1,3]] 的 FER 变化趋势，如图 6-2 所示，可以看出，对于 GF(2)BP 译码器，FER 的数量级为10^{-2}。基于 Tanner 图的 GF(4)BP 译码器的效率和稳定性大大高于 GF(2)BP 译码器，这使 FER 的数量级低至10^{-5}。

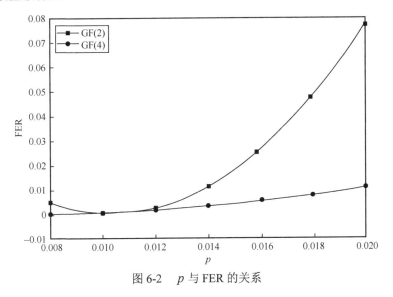

图 6-2 p 与 FER 的关系

[[5,1,3]] 的译码尝试次数与 FER 的关系如图 6-3 所示。从图 6-3（a）中可以看出，当尝试次数在 5～15 时有两个尖点。尖点表示梯度消失，说明这部分的模拟是

无效的。在这种情况下，数值模拟可能得不到正确的结果。相比之下，从图 6-3（b）中可以看出，GF(4)BP 译码器的数值结果更好，随着尝试次数的增加，FER 近似线性下降，当尝试次数为 100 时，FER 的数量级达到10^{-7}。GF(2)BP 译码器在译码过程中非常不稳定，GF(4)BP 译码器具有更好的 FER 性能和稳定效果。由于 FER 也与代码长度有关，若代码的长度不长的话，随着尝试次数的增加，FER 呈下降趋势。但是随着代码长度的增加，FER 也会逐渐增加。

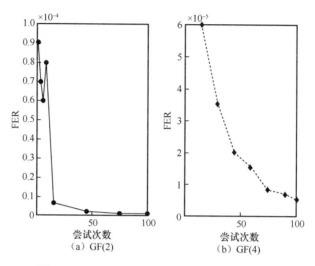

图 6-3　[[5,1,3]] 的译码尝试次数与 FER 的关系

6.1.4　量子纠错编码增广模型置信传播译码器的改进方案

贝叶斯网络结构及其相应的消息传递过程如图 6-4 所示，以图 6-4（a）中的贝叶斯网络[8]结构为例，假设推理的目标是计算边际概率 $p(x_5)$，需要通过加法消除变量 $\{x_1, x_2, x_3, x_4\}$，即

$$
\begin{aligned}
p(x_5) &= \sum_{x_4}\sum_{x_3}\sum_{x_2}\sum_{x_1} p(x_1, x_2, x_3, x_4, x_5) \\
&= \sum_{x_4}\sum_{x_3}\sum_{x_2}\sum_{x_1} p(x_1)p(x_2 \mid x_1)p(x_3 \mid x_2)p(x_4 \mid x_3)p(x_5 \mid x_4)
\end{aligned}
\tag{6-5}
$$

具体来说，变量的消除是通过求和来完成，通过式（6-6）表示

$$m_{i \to j}(x_j) = \sum_{x_i} \psi(x_i, x_j) \prod_{k \in n(i) \backslash j} m_{k \to i}(x_i) \tag{6-6}$$

消除变量 x_i，其中 $n(i)$ 表示节点 x_i 的邻接节点。在 BP 算法中，该操作被视为将消息 $m_{i \to j}(x_j)$ 从 x_i 传递给 x_j。因此，式（6-6）所描述的变量消除过程可以描述为图 6-4（b）的消息传递过程。不难发现，每个消息传递操作只与变量 x_i 及其相邻节点直接相关。这说明与消息传递相关的计算仅限于图的局部。

在 BP 算法中有一个不成文的规定，即一个节点想要向另一个节点发送消息，需要满足其已经收到其他所有节点的消息。节点接收到的消息与其边际概率分布的乘积成正比，即

$$p(x_i) \propto \prod_{k \in n(i)} m_{k \to i}(x_i) \tag{6-7}$$

例如，在图 6-4（b）中，节点 x_3 在向 x_5 发送消息之前必须事先收到节点 x_2 和节点 x_4 的消息，消息 $m_{35}(x_5)$ 到达 x_5 的概率为 $P(x_5)$。

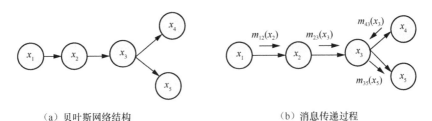

（a）贝叶斯网络结构　　　　　　　　　　　　　　（b）消息传递过程

图 6-4　贝叶斯网络结构及其相应的消息传递过程

6.1.5　经典译码器译码和 Tanner 图的 GF(4)增广模型 BP 译码器译码

卷积可以转换成傅里叶变换和傅里叶逆变换的乘积。基于快速傅里叶变换的置信传播（FFT-BP）算法，其 GF(4)运算是概率序列卷积解的下标操作，因此可以将该变换看作 p 维空间中的一系列两点 FFT。GF(4)增广模型 BP 译码器采用了 Hadamard 变换[9]

$$F^0 = [f^0 + f^1] + [f^2 + f^3] \tag{6-8}$$

$$F^1 = [f^0 - f^1] + [f^2 - f^3] \tag{6-9}$$

$$F^2 = [f^0 + f^1] - [f^2 + f^3] \tag{6-10}$$

$$F^3 = [f^0 - f^1] - [f^2 - f^3] \tag{6-11}$$

其中，F 为傅里叶变换后的系数，f 表示原始概率序列中的值。

置信传播通过在 Tanner 图上传递代码信息来有效地逼近边际概率分布。每个变量节点 v_j 向相邻的校验节点发送消息 $M(v_j) = \{c_i \in C : \{c_i, v_j\} \in E\}$。发送到校验节点 $c_i \in N(v_j)$ 的消息为 $\mu_{j \to i}$，与 $b \in GF(4)$ 对应的元素为

$$\mu_{j \to i}^b = P(e_j = b) \tag{6-12}$$

也即变量节点 v_j 处于错误态 b 的边际概率分布。

每个校验节点 c_i 向邻域内的变量节点发送消息 $N(c_i) = \{v_j \in V : \{c_i, v_j\} \in E\}$，其中发送给变量节点 $v_j \in N(c_i)$ 的消息为 $\lambda_{i \to j}$

$$\lambda_{i \to j}^b = K \sum_{\vec{e}: e_j = b} \delta(\sum_{j' \in N(i)} H_{ij'} e_{j'} = z_i) \prod_{j' \in N(i) \backslash j} \mu_{j' \to i}^{e_{j'}} \tag{6-13}$$

其中，$N(c_i) = \{j \in \{1, \cdots, n\} : v_j \in N(c_i)\}$，$K$ 是一个标准化因子，使 $\sum_b \lambda_{i \to j}^b = 1$。

经典的译码方法及其原理如下，检验约束利用式（6-13）可写成

$$\prod_{j' \in N(i) \backslash j} H_{ij'} e_{j'} = \prod_{j' \in N(i) \backslash j} \tilde{e}_{j'} = z_i - H_{ij} b \tag{6-14}$$

其中，$\tilde{e}_{j'} = H_{ij'} e_{j'}$。$\tilde{\lambda}_{i \to j}^b$ 可以定义为

$$\tilde{\lambda}_{i \to j}^b = \sum_{\vec{e}: \sum_{j'} \tilde{e}_{j'} = b} \prod_{j'} \mu_{j' \to i}^{e_{j'}} = \sum_{\vec{e}: \sum_{j'} \tilde{e}_{j'} = b} \prod_{j'} \tilde{\mu}_{j' \to i}^{\tilde{e}_{j'}} \tag{6-15}$$

其中，$\tilde{\mu}_{j' \to i}^{\tilde{e}_{j'}} = \mu_{j' \to i}^{H_{ij'}^{-1} \tilde{e}_{j'}}$（这对应于元素的排列），$j' \in N(i) \backslash j$。式（6-15）是一个卷积，因此可以使用傅里叶变换 $\tilde{F}$ 高效地计算

$$\tilde{\lambda}_{i \to j} = K \tilde{F}^{-1} \{ \prod_{j'} \tilde{F} \{ \tilde{\mu}_{j' \to i} \} \} \tag{6-16}$$

其中，$\tilde{F}^{-1}$ 是傅里叶逆变换，乘积操作是针对向量或矩阵中元素 K 逐 进行的。在二进制的情况下，可以使用 Hadamard 变换。如果 $\tilde{\mu}_{j' \to i} = (\tilde{\mu}_{j' \to i}^0, \tilde{\mu}_{j' \to i}^1)$ 是列向量，那么

$$\tilde{F} \{ \tilde{\mu}_{j' \to i} \} = F \tilde{\mu}_{j' \to i} \tag{6-17}$$

其中

$$F \propto \begin{pmatrix} 1 & 1 \\ 1 & -1 \end{pmatrix} \tag{6-18}$$

傅里叶逆变换也可以通过乘以 F（达到某个缩放因子）来实现。$\lambda_{i \to j}$ 是 $\tilde{\lambda}_{i \to j}$ 经过矩阵运算得到的排列形式

$$\lambda_{i \to j}^{b} = \tilde{\lambda}_{i \to j}^{z_i - H_{ij}b} \tag{6-19}$$

此外，为提升纠错能力和加快收敛速度，本节引入了基于 Tanner 图的 GF(4) 增广模型置信传播译码器。利用式（6-13）中内积的迹给出了傅里叶变换和傅里叶逆变换之间的关系，进而得到了 FFT-BP 算法。结合式（6-13）和式（6-14），可以推导出量子编码信息的传递过程，从而把检验约束写成

$$\mathrm{tr}(H_{ij}\overline{b} + \sum_{j' \in N(i) \setminus j} H_{ij'}\overline{e}_{j'}) = \mathrm{tr}(H_{ij}\overline{b} + \sum_{j' \in N(i) \setminus j} \tilde{e}_{j'}) = \mathrm{tr}(H_{ij}\overline{b} + z_i - H_{ij}b) = z_i \tag{6-20}$$

其中，$\tilde{e}_{j'} = H_{ij'}\overline{e}_{j'}$，$\tilde{\lambda}_{i \to j}^{b}$ 的定义与式（6-15）中 $\tilde{\mu}_{j' \to i}^{\tilde{e}_{j'}} = \tilde{\mu}_{j' \to i}^{(H_{ij'}^{-1}\tilde{e}_{j'})^{-1}} = \tilde{\mu}_{j' \to i}^{H_{ij'}\tilde{e}_{j'}^{-1}}$ 是一样的。

因此，$\tilde{\lambda}_{i \to j}$ 使用 Hadamard 变换计算得出

$$F \propto \begin{pmatrix} 1 & 1 \\ 1 & -1 \end{pmatrix}^{\otimes 2} = \begin{pmatrix} 1 & 1 & 1 & 1 \\ 1 & -1 & 1 & -1 \\ 1 & 1 & -1 & -1 \\ 1 & -1 & -1 & 1 \end{pmatrix} \tag{6-21}$$

$\tilde{\lambda}_{i \to j}^{b}$ 对应于 $\sum_{j'} \tilde{e}_{j'} = b$，可用来确定 $\lambda_{i \to j}^{b}$，$\lambda_{i \to j}^{b}$ 对应于 $e_{j'} = b$。如果 $z_i = 0$，则 $H_{ij}\overline{b} + \sum_{j'} \tilde{e}_{j'} = 0$ 或 1；相反，如果 $z_i = 1$，则 $H_{ij}\overline{b} + \sum_{j'} \tilde{e}_{j'} = \omega$ 或 $\overline{\omega}$。

对于 $z_i = 0$，$\lambda_{i \to j}^{b}$ 为

$$\lambda_{i \to j}^{b} = \frac{1}{2}\left[\tilde{\lambda}_{i \to j}^{-H_{ij}\overline{b}} + \tilde{\lambda}_{i \to j}^{1 - H_{ij}\overline{b}} \right] \tag{6-22}$$

对于 $z_i = 1$，$\lambda_{i \to j}^{b}$ 为

$$\lambda_{i \to j}^{b} = \frac{1}{2}\left[\tilde{\lambda}_{i \to j}^{\omega - H_{ij}\overline{b}} + \tilde{\lambda}_{i \to j}^{\overline{\omega} - H_{ij}\overline{b}} \right] \tag{6-23}$$

结合式（6-22）和式（6-23）可以得出

$$\lambda_{i \to j}^{b} = \frac{1}{2}\left[\tilde{\lambda}_{i \to j}^{\omega z_i - H_{ij}\bar{b}} + \tilde{\bar{\lambda}}_{i \to j}^{\bar{\omega}z_i + 1 - H_{ij}\bar{b}} \right] \tag{6-24}$$

6.1.6 主要结果

下面主要分析和计算量子纠错编码[[450,200]]的 GF(2)增广模型和 GF(4)增广模型在去极化信道上的仿真。与现有译码器的随机扰动强度（p）相比，BP 译码器的 FER 性能如图 6-5 所示。

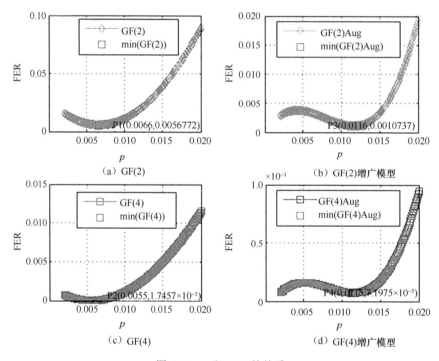

图 6-5　p 和 FER 的关系

图 6-5 相应地显示了 GF(2)、GF(4)、GF(2)增广模型和 GF(4)增广模型 BP 译码器关于 p 与 FER 的关系。图 6-5（c）曲线趋势的相对增益明显大于具有 Tanner 图的 GF(4)增广模型 BP 译码器。通过比较图 6-5（b）和图 6-5（d）可以看出，当 p 为 0.0115～0.0116 时，GF(4)增广模型 BP 译码器 FER 的数量级低于 GF(2)增广模型 BP 译码器，当 $p = 0.0115$ 时，GF(4)增广模型 BP 译码器的 FER 最小值为 7.1975×10^{-5}。相比于现有的译码器，$\text{FER} = 7.1975 \times 10^{-5}$ 的 GF(4)增广模型 BP 译

码器为低损耗译码器。对图 6-5（a）和图 6-5（b）进行比较，从 FER 的最小值可以看出，当 FER 为相同数量级时，GF(2)增广模型 BP 译码器能够承受更大的随机扰动强度，其译码效果优于 GF(2)BP 译码器。因此，对于 GF(4)增广模型 BP 译码器，当 p 为0.005～0.0115(0.0116) 时，FER 呈现下降趋势。

当 p=0.0115 时，在 GF(2)增广模型 BP 译码器和在 GF(4)增广模型 BP 译码器中，尝试次数和 FER 的关系如图 6-6 所示，可以看出，GF(4)增广模型 BP 译码器的 FER 随尝试次数的增加变化不明显，而 GF(2)增广模型 BP 译码器存在较大波动。结果表明，GF(4)增广模型 BP 译码器具有较高的译码器效率而且适合用作所有量子纠错编码的译码器。在给定随机扰动强度 $p = 0.0115$，以及尝试次数 N 为60～70时，FER 最小，可达到 10^{-5} 的数量级。与 GF(4)增广模型 BP 译码器相比，GF(2)增广模型 BP 译码器的稳定性和效率较低。

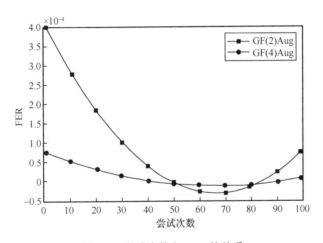

图 6-6 尝试次数和 FER 的关系

6.2 连续变量量子纠错

本书第 3 章讨论了以量子位的形式保护量子信息的方法。这些技术属于离散变量量子信息处理的范畴，虽然一个量子位的基态可以形成一个离散的基，用于编码量子信息，但研究发现还存在另一种编码方式。连续变量量子信息是离散变量量子信息的一种替代选择，这因为连续参数跨越了连续量子变量的基态。

在连续量子变量的情况下，一个粒子的动量就可以作为一个典型的例证，通过波函数 $\psi(x)$ 来描述，用 Dirac 符号表示为

$$\int \mathrm{d}x\psi(x)|x\rangle \tag{6-25}$$

其中，状态 $|x\rangle$ 是位置特征值。

在量子光学中，可以找到粒子位置和动量的直接类比，这分别对应于光学模式的位置和动量正交分量，得益于操纵这些光学模式相对简单，连续变量量子信息协议通常选择量子光学作为其典型的实现方式。

连续变量系统的物理实验比离散可变光学实验更不易进行。这些实验不需要单光子源和检测器，通常只需要线性相关的光学相关的器件和方法——离线挤压器、无源光学器件、前馈控制、条件调制和零差测量。离线挤压器是一种为光路准备标准压缩状态的器件，而在线挤压器是一种用于光路的非线性光学器件。

Pauli 群对于离散变量 QEC 的理论具有重要意义，同时 Weyl-Heisenberg 群[10]在连续变量系统中的作用也被广泛讨论，这为 QEC 理论在离散与连续变量系统中的推广提供了支持。因此，它的许多特性在连续变量稳定码理论中尤为重要。

首先将 n 模无相的 Weyl-Heisenberg 群 ($[\mathcal{W}^n]$,*) 与加性群 ($\mathbf{R}^{2n}$,+) 联系起来。设 $X(x)$ 是 x 的单模位置平移操作，而 $Z(p)$ 是 p 的单模动量踢操作

$$\begin{aligned} X(x) &\equiv \exp\{-\mathrm{i}\pi x\hat{p}\} \\ Z(p) &\equiv \exp\{\mathrm{i}\pi p\hat{x}\} \end{aligned} \tag{6-26}$$

其中，$\hat{x}$ 和 $\hat{p}$ 分别是位置求积和动量求积算子。正则对易关系 $[\hat{x},\hat{p}] = i$。设 $\mathcal{W}$ 表示单模 Weyl-Heisenberg 群

$$\mathcal{W} \equiv \{X(x)Z(p)|\ x,p \in \mathbf{R}\} \tag{6-27}$$

设 $\mathcal{W}^n$ 是 $A \equiv A_1 \otimes \cdots \otimes A_n$ 形式的所有 n 模算子的集合，其中 $A_j \in \mathcal{W}$，$\forall j \in \{1,\cdots,n\}$。定义等价类

$$[A] \equiv \{\beta A\ |\ \beta \in \mathbf{C}, |\beta| = 1\} \tag{6-28}$$

代表性算子具有 $|\beta| = 1$ 的性质。全局相位的改变并不会影响量子态的测量结果，因为在量子力学中，量子态的全局相位是不可观察的。也就是说，无论量子态在相位上发生了多少变化，其物理性质和测量概率都不会受到影响。因此，处理等

价类时，可以忽略全局相位的影响，仅关心态的其他量子特性。上述等价类是有用的，因为全局相位与量子态的制备不相关。上述等价类组操作 $*$ 如下

$$[A]*[B] \equiv [A_1]*[B_1] \otimes \cdots \otimes [A_n]*[B_n] = [A_1 B_1] \otimes \cdots \otimes [A_n B_n] = [AB] \tag{6-29}$$

等价类 $[\mathcal{W}^n] = \{[A] : A \in \mathcal{W}^n\}$ 形成了一个交换群 $([\mathcal{W}^n], *)$。将 $([\mathcal{W}^n], *)$ 命名为无相的 Weyl-Heisenberg 群。

考虑 $2n$ 维的实向量空间 $\mathbf{R}^{2n}$，它形成交换群 $(\mathbf{R}^{2n}, +)$，操作符号 $+$ 为向量加法。使用符号 $\boldsymbol{u} = (\boldsymbol{p}|\boldsymbol{x})$ 和 $\boldsymbol{v} = (\boldsymbol{p}'|\boldsymbol{x}')$ 分别表示任意向量 $\boldsymbol{u}, \boldsymbol{v} \in \mathbf{R}^{2n}$。每个向量 $\boldsymbol{p}$ 和 $\boldsymbol{x}$ 分别有元素 $(p_1, \cdots, p_n)$ 和 $(x_1, \cdots, x_n)$，对 $\boldsymbol{p}'$ 和 $\boldsymbol{x}'$ 有相似的表示 $\boldsymbol{u}$ 和 $\boldsymbol{v}$ 的辛积 $\odot$

$$\boldsymbol{u} \odot \boldsymbol{v} \equiv \boldsymbol{p} \cdot \boldsymbol{x}' - \boldsymbol{x} \cdot \boldsymbol{p}' = \sum_{i=1}^{n} p_i x_i' - x_i p_i' \tag{6-30}$$

其中，$\cdot$ 是标准的内积。定义映射 $\boldsymbol{D} : \mathbf{R}^{2n} \to \mathcal{W}^n$，有

$$\boldsymbol{D}(\boldsymbol{u}) \equiv \exp\left\{ \mathrm{i}\sqrt{\pi} \sum_{i=1}^{n} \left(p_i \hat{x}_i - x_i \hat{p}_i \right) \right\} \tag{6-31}$$

由上述映射 $\boldsymbol{D}$ 得到的算子与由量子光学得到的位移算子相同。位移算子

$$\begin{aligned} \boldsymbol{X}(\boldsymbol{x}) &\equiv X(x_1) \otimes \cdots \otimes X(x_n) \\ \boldsymbol{Z}(\boldsymbol{p}) &\equiv Z(p_1) \otimes \cdots \otimes Z(p_n) \end{aligned} \tag{6-32}$$

使 $\boldsymbol{D}(\boldsymbol{p}|\boldsymbol{x})$ 和 $\boldsymbol{Z}(\boldsymbol{p})\boldsymbol{X}(\boldsymbol{x})$ 属于同一个等价类

$$[\boldsymbol{D}(\boldsymbol{p}|\boldsymbol{x})] = [\boldsymbol{Z}(\boldsymbol{p})\boldsymbol{X}(\boldsymbol{x})] \tag{6-33}$$

映射 $[\boldsymbol{D}] : \mathbf{R}^{2n} \to [\mathcal{W}^n]$ 是同构的

$$[\boldsymbol{D}(\boldsymbol{u} + \boldsymbol{v})] = [\boldsymbol{D}(\boldsymbol{u})][\boldsymbol{D}(\boldsymbol{v})] \tag{6-34}$$

其中，$\boldsymbol{u}, \boldsymbol{v} \in \mathbf{R}^{2n}$。使用贝克-坎贝尔-豪斯多夫公式（Baker-Cambell-Hausdorff formula）[11] $e^A e^B = e^B e^A e^{[A,B]}$ 和辛积来捕获任意算子 $\boldsymbol{D}(\boldsymbol{u})$ 和 $\boldsymbol{D}(\boldsymbol{v})$ 的对易关系

$$\boldsymbol{D}(\boldsymbol{u})\boldsymbol{D}(\boldsymbol{v}) = \exp\{\mathrm{i}\pi(\boldsymbol{u} \odot \boldsymbol{v})\}\boldsymbol{D}(\boldsymbol{v})\boldsymbol{D}(\boldsymbol{u}) \tag{6-35}$$

对任意的 $n \in \mathbf{Z}$，如果 $\boldsymbol{u} \odot \boldsymbol{v} = 2n$，则 $\boldsymbol{D}(\boldsymbol{u})$ 和 $\boldsymbol{D}(\boldsymbol{v})$ 是对易的；如果 $\boldsymbol{u} \odot \boldsymbol{v} = 2n+1$，则 $\boldsymbol{D}(\boldsymbol{u})$ 和 $\boldsymbol{D}(\boldsymbol{v})$ 是反对易的。所有 $i \in \{1, \cdots, n\}$ 的正则算子 $\hat{x}_i, \hat{p}_i$ 的集合具有正则对易关系

$$\left[\hat{x}_i, \hat{x}_j \right] = 0, \quad \left[\hat{p}_i, \hat{p}_j \right] = 0, \quad \left[\hat{x}_i, \hat{p}_j \right] = \mathrm{i}\delta_{ij} \tag{6-36}$$

假定 $\mathcal{T}^n$ 是正则算子的所有线性组合的集合

$$\mathcal{T}^n \equiv \left\{ \sum_{i=1}^{n} \alpha_i \hat{x}_i + \beta_i \hat{p}_i : \forall i, \alpha_i, \beta_i \in \mathbf{R} \right\} \tag{6-37}$$

定义映射 $M : \mathbf{R}^{2n} \to \mathcal{Y}^n$，有

$$M(u) \equiv u \cdot \widehat{R}^n \tag{6-38}$$

其中，$u = (p|x) \in \mathbf{R}^{2n}$。

$$\widehat{R}^n = \left[\hat{x}_1 \cdots \hat{x}_n | \hat{p}_1 \cdots \hat{p}_n \right]^{\mathrm{T}} \tag{6-39}$$

其中，"$\cdot$" 是内积。可以重写 $\mathcal{T}^n \equiv \{ M(u) : u \in \mathbf{R}^{2n} \}$，辛积给出了 $\mathcal{T}^n$ 中元素的对易关系

$$[M(u), M(v)] = (u \odot v)\mathrm{i} \tag{6-40}$$

下面给出的定义为构建连续变量量子稳态编码提供了技术术语基础。

如果 $v \notin V$，空间 W 的子空间 V 是辛的，即空间 V 是辛子空间，表示为

$$\forall u \in V : u \odot v = 0 \tag{6-41}$$

如果 $\forall u \in W, v \in V : u \odot v = 0$，则空间 W 与子空间 V 是同方向的，则子空间 v 与空间 w 是同方向的。子空间 V 的辛对偶 $V^{\perp}$ 为

$$V^{\perp} \equiv \{ w : w \odot u = 0, \forall u \in V \} \tag{6-42}$$

对应的辛矩阵 $Y : \mathbf{R}^{2n} \to \mathbf{R}^{2n}$ 保留辛乘积的性质

$$Yu \odot Yv = u \odot v, \forall u, v \in \mathbf{R}^{2n} \tag{6-43}$$

并满足条件 $Y^{\mathrm{T}} J Y = J$，其中

$$J = \begin{bmatrix} \mathbf{0}_{n \times n} & \mathbf{I}_{n \times n} \\ -\mathbf{I}_{n \times n} & \mathbf{0}_{n \times n} \end{bmatrix} \tag{6-44}$$

6.3　离子阱量子纠错

液态核磁共振[12]为探索 QEC 提供了一个合适的测试平台，但想要将这类系统扩展到大型量子计算机上，依然存在巨大的挑战。在分段的离子阱中实例化量子计算机是一种被认为不会受到严重干扰的物理实现。在离子阱量子计算机[13]中，离子的内能作为量子态，单量子比特门和测量是通过激光脉冲和与状态相关的共振荧光

来完成的,而双量子比特的相互作用是通过激光激发被困离子晶体的振荡模式实现的。离子阱作为一种实现方法被单独列出,原因在于其自身的适应性和高精度,使其能够实现 QEC 在实验中的可行性。Brown 等[14]的研究采用了之前开发的核心模块,在离子阱量子计算机中实现了 QEC。

Brown 等[14]的实验在多区线性射频 Paul 阱中使用了 3 个 $^9\text{Be}^+$ 离子,该阱允许在不同区域实现协议的不同组件。例如,在本实验中,离子被困于 5 个区域中的一个,其中两个区域是可以应用离子门的位置,一个区域离子可以相互分离,其他区域被用作没有被作用的离子的存储区。通过改变施加在捕集器分段电极上的电位,实现离子在各区域之间的移动和离子组的分离。

本实验使用 $|F=1,m_F=-1\rangle$ 和 $|F=1,m_F=-2\rangle$ 的电子基态超精细能级。单量子比特门由双光子拉曼跃迁实现,通过依赖于状态的共振荧光进行测量,即如果系统处于上述两种状态之一,离子将发出荧光,而如果系统处于其他状态,离子则不会发出荧光。编码和解码所需的多量子比特门是通过耦合到离子的振动轴模来实现的,其中,唯一需要的多量子比特门是通过一个三量子比特门实现的。

实验中实现的代码是带有稳定器生成器 $Z_1Z_2X_3$ 和 $Z_1X_2Z_3$ 的三量子比特稳定器码。这种代码可以纠正单个比特翻转错误,也可以适应其他错误组合,例如,第一个自旋的比特翻转,但第二个和第三个量子比特的相位翻转。但这种代码不能简单地被认为是经典重复代码的叠加。三量子比特相位纠错码中执行的电路如图 6-7 所示。

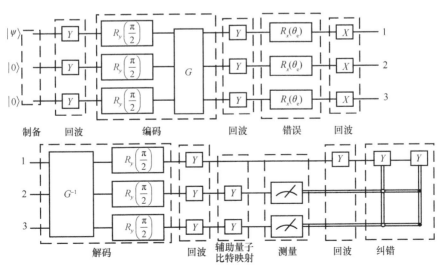

图 6-7 三量子比特相位纠错码中执行的电路

首先，通过对所有 3 个离子（在它们以|000⟩状态制备之后）施加单个激光来完成准备，一种用来提高电路保真度的方法是在阱中隔开量子比特，并使用激光轮廓来寻址第一个不同于其他两个量子比特的量子比特；另一种用来提高电路保真度的方法是使用自旋回波来抵消实验之间局部磁场波动引起的去相。最后，旋转附件，使实验中最常见的错误容易被共振荧光检测方法可靠地检测到。

实验中的错误是人为设计的，错误过程包括将每个量子比特绕 Pauli X 轴旋转角度 θ_e。代码不能纠正这种将每个量子比特绕 Pauli X 轴旋转角度 θ_e 的任意错误，但是对于小的 θ_e，错误具有像独立错误一样的幅度。为了更好地执行 QEC，假设初始状态$|\psi\rangle = \alpha|0\rangle + \beta|1\rangle$，则初始状态与最终状态的保真度为

$$F = 1 - |\alpha|^2 |\beta|^2 (2 - 3\cos\theta_e + \cos^3\theta_e) \tag{6-45}$$

对于小的 θ_e，它可扩展为

$$F = 1 - \frac{3}{4}|\alpha|^2|\beta|^2 \theta_e^4 + O(\theta_e^6) \tag{6-46}$$

QEC 标志着不保真度（1−F）在 θ_e^2 中呈二次曲线增长，而如果不执行纠错就会出现在 θ_e^2 中不呈线性增长的情况。

为了从 QEC 的影响中分离出由门元件的实施不完善所产生的影响，我们进行了两个实验。在第一个实验中，图 6-7 中的所有电路都被执行；而在第二个实验中，除了电路中的纠错元件，其他都被执行。在图 6-8 中显示了一个典型的实验结果，给出了 θ_e^2 与不保真度的关系。从图 6-8 中可以清楚地看到纠错的效果。这里显示的不保真度是直接测量到的系统真实错误，而不是噪声掩盖导致的信号衰减（如核磁共振实验中的豫驰效应）。因此，虽然纠错如其理论假设的那样执行，但仅执行编码和解码操作本身就会引入一定的误差（与 y 轴的截距非零）。数据表明，当 $\theta_e > 1$ 时，实际保真度仍然高于未编码量子比特的裸速率。与图 6-8 中未校正的数据相比，在执行纠错操作后，系统总错误率显著下降。因此，在该特定错误模型（每个量子比特绕 Pauli X 轴旋转角度 θ_e）的条件下，通过量子纠错，系统能够有效一种能够有效抑制错误累积，提升整体保真度，纠错后系统整体保真度提升并且总错误率显著降低。

该实验证明了离子阱 QEC 的基本工作原理。实验中使用的针管是"重置"的，即测量后可以再次使用。为了更好地评估电路在实际量子计算中的性能，引入优值系数这个概念，优值系数是针对电路的实际纯态操作，即在大量量子计算机（如液

态核磁共振)上平均的小信号中没有隐藏任何东西。对于特定的错误类型(大的 θ_e),通过将该错误应用于未编码的量子比特来实现保真度的提高。离子阱量子计算机是目前领先的物理实现,因此本实验为未来更大、更高保真度、容错的量子纠错离子阱量子计算机提供了原型。

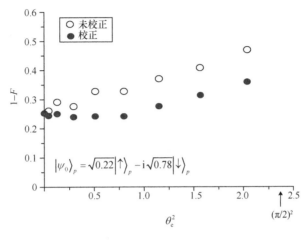

图 6-8　不保真度与 θ_e^2 的关系

6.4　液态核磁共振实验

第一个尝试执行 QEC 的实验是使用室温液态核磁共振进行的。液态核磁共振是量子计算的一个测试平台,其中人们使用分子中耦合的内部状态作为量子计算机的量子比特。在其原始和实验的形式中,液态核磁共振通常被认为是不可扩展的,用于读出量子计算结果的信号在系统中的量子比特数量中呈指数级衰减[14]趋势,并且在这些实验中产生的混合态被证明不具有量子纠缠特性。因此必须说,它之所以被视为不可扩展,仅是由于已知的禁区证明。例如那些涉及纠缠的证明[15],并不是没有漏洞的,甚至信号的指数衰减也可以通过适当的(但实验上具有挑战性)方法来克服[16]。然而,鉴于这种最终不可扩展的状态,液态核磁共振将会是构造量子计算机必需方法和技术的首选测试平台。

第一个在核磁共振量子计算机上实现 QEC 的实验是 Cory 等[17]的实验。有关核磁共振量子计算的概述,读者请参阅文献[18]。下面,先简单介绍一下模型,然后再谈 Cory 等[17]的实验。液态核磁共振量子计算机实验由一个核磁共振光谱仪[19]组成，其中插入了一个液体样本，其中包含约 10^{19} 个溶解的副本分子，被用作量子计算。光谱仪对样品施加一个强磁场约（10T）。根据这些条件，在弱耦合极限下，单分子核内部演化的哈密顿量为

$$H = \sum_i \frac{v_i}{2} \sigma_z^i + \sum_{ij} J_{ij} \sigma_z^i \otimes \sigma_z^j \qquad (6\text{-}47)$$

其中，v_i 和 J_{ij} 是耦合常数，其总和在系统中使用的量子比特（核）上运行，即在哈密顿量计算式中，耦合常数 J_{ij} 的作用范围包括系统中所有参与相互作用的量子比特（核）。假设分子处于热平衡状态，由密度矩阵 $\rho = \dfrac{\exp(-\beta H)}{\mathrm{Tr}\left[(-\beta H)\right]}$ 描述。由于液态核磁共振实验的温度很高（与上述哈密顿的相关能量相比），这种热态非常接近最大程度的混合态。然而，相较于完全混合态确实存在一些小的偏差，而且由于系统中有大量的分子，可以在这样的设置中看到分布差异的影响。

在这样的环境中进行量子计算，需要采取以下步骤：首先，必须达到系统的热平衡状态，并提炼出所谓的"伪纯"状态。伪纯态是形式为 $(1-\epsilon)\dfrac{I}{d}+\epsilon|\varphi\rangle\langle\varphi|$ 的混合态，其中 d 是系统的维度。这种状态在核磁共振量子计算中是被动产生的，由于系统自然处于高温热平衡状态，这样的状态是由外部环境强加给系统的，而不是选择的。因为系统的状态是高温热平衡状态，虽然这些态可能非常小（伪纯态中的有用成分（即接近于纯态的部分）在总体状态中所占比例非常小），大约在 10^{-5} 的数量级，但在幺正演化下表现为纯态，尽管纯态具有来自密度矩阵的 I 分量产生的大量噪声。伪纯态的制备可以按照许多不同的过程进行：通过使用辅助量子比特[20]来提取伪纯态，通过使用梯度磁场来获得适当的空间平均[21]，或者采用时间平均法实现[22]。

在制备了一个合适的伪纯态之后，可以通过在 xy 平面上施加微弱但共振的振荡磁场，对液态核磁共振进行量子计算。通过使用合适的重新聚焦技术，可以有效地关闭单量子位和双量子位的相互作用。还有一个复杂的问题是，量子比特（核自旋）的频率是否足够分离，会影响脉冲类型的选择，当频率相似时，必须使用缓慢的"软"脉冲；当频率分离得很好时，须使用快速的"硬"脉冲。最后，在计算后进行自旋的测量，通过检测外加磁场中核子磁化的自由感应衰减产生的磁场来完成。

鉴于上述核磁共振实验的基础，下面对核磁共振量子纠错实验进行介绍。事实上，在文献[17]中有两个实验。这两个实验都使用了三量子比特的倒相码作为量子

纠错编码。在此代码中，$|0_L\rangle = |{+}{+}{+}\rangle$ 和 $|1_L\rangle = |{-}{-}{-}\rangle$，其中 $|\pm\rangle = \dfrac{1}{\sqrt{2}}\big(|0\rangle \pm |1\rangle\big)$，它是可以纠正单一 Z 错误的代码。三比特量子位编/解码电路如图 6-9 所示。$R_y(\theta)$ 是围绕 Y 轴旋转角度为 θ 的门。

　　实验使用丙氨酸分子和 3 个 ^{13}C 标记的碳原子作为量子位。为了理解这个实验的作用，可以回顾一下核磁共振的乘积算子形式，即 $I_{z1}I_{z2}$，$I_{x1}I_{y2}$，$I_{x1}I_{x2}I_{x3}$。在这种形式中，将密度矩阵表示为单位矩阵和剩余偏差密度矩阵之和，这个表达式的单位矩阵对于任何状态都是相同的，因此被删除，只处理偏差密度矩阵。此外，假设该偏差密度矩阵具有归一化的强度。因此，系统的状态不是由密度矩阵描述，而是由偏差密度矩阵描述的。例如，密度矩阵 $\dfrac{1}{2}(I+\gamma Z)$（$\gamma \ll 1$）有一个偏差密度矩阵，由 Z 给出 $\left(Z_1 \dfrac{1}{2}(I_2 + Z_2)\dfrac{1}{2}(I_3 + Z_3)\right)$。在实验中，考虑了三量子比特相位纠错码在一个系统中是如何工作的，该系统最初是用 3 个标记的碳原子 $Z_1 \dfrac{1}{2}(I_2 + Z_2)\dfrac{1}{2}(I_3 + Z_3)$ 偏差密度矩阵制备的。考虑了如何制备这种状态，然后对其进行编码，使系统出现错误，然后再对状态进行解码。在这个实验中，没有使用硬件进行校正步骤，而是在离线状态下进行，以模拟 Toffoli 门的效果。此外，该实验主要在两个方面与现在描述的如图 6-9 所示的电路中设想的标准程序不同，具体如下。

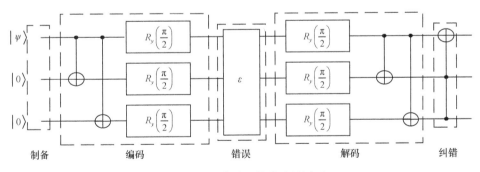

图 6-9　三比特量子位编/解码电路

　　第一个不同是，没有用偏差密度矩阵 $Z_1 \dfrac{1}{2}(I_2 + Z_2)\dfrac{1}{2}(I_3 + Z_3)$ 来制备状态，而是进行了 4 个实验，在这些实验中，制备状态的偏差密度矩阵等于偏差密度矩阵中的四项之一，即 $Z_1 I_2 I_3$，$Z_1 I_2 Z_3$，$Z_1 Z_2 I_3$，$Z_1 Z_2 Z_3$。换言之，用 $Z_1 I_2 I_3$，$Z_1 I_2 Z_3$，$Z_1 Z_2 I_3$，$Z_1 Z_2 Z_3$ 的偏差密度矩阵进行实验，再把这些实验结果加起来，得到的结果与从适当的偏差密度矩阵开始的结果相同，如果在实验中直接使用一个完整的偏差密度矩阵进行状态制备和演化操作，那么实验的结果会反映这个完整偏差密度矩阵所描述的量子态的演化效果。然而，由于实验过程中可能面临技术上的复杂性或者对于精度的要求较高，研究者选择了一种等效的实验方案，即将偏差密度矩阵分解为若干部分，分别对这些部分进行实验操作，然后将结果组合起来，模拟出从完整的偏差密度矩阵开始的实验结果。

第二个不同是，使用了工程噪声。噪声是利用沿核磁共振磁体量化信道施加的梯度磁场来设计的。特别是，如果沿 z 轴方向对核磁共振样品施加梯度磁场，那么样品中不同位置的分子将经历不同的磁场，并以略微不同的速度围绕 z 轴前进。如果扭转磁场，就可以重新聚焦磁化。如果分子在这个过程中没有移动，那么分子就不会产生净相。然而，如果分子在这段时间内改变了位置，就会出现与分子的位移成比例的相位变化。由于分子处于液体状态，它们会四处扩散，因此，在这种情况下，会发生分子净相效应，并对分子施加随机相位退相干[23]。在丙氨酸的实验中，工程噪声被用来证明量子纠错电路的原理性功能。该实验利用丙氨酸分子的核磁共振特性，模拟了量子比特的演化和纠错过程，从而验证了纠错电路在噪声环境下的有效性。图 6-10 展示了不同量子态（单量子比特态、三量子比特态和纠错后的量子态）的纠缠保真度与时间的关系。其中，I_z^1 表示第 1 个自旋的 z 方向上的磁矩分量，I_z^2 和 I_z^3 同理。未进行纠错的状态随着时间迅速衰减，而经过量子纠错电路修正后的状态则表现出更慢的衰减，验证了量子纠错在噪声环境下的稳定性和有效性。

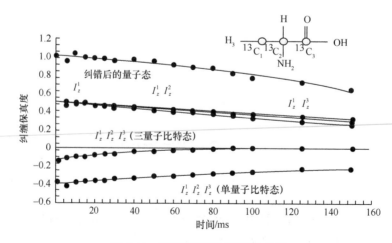

图 6-10　纠缠保真度与时间的关系

　　文献[17]提出，在多次尝试系统中，执行 QEC 的基本步骤：制备步骤、错误步骤和纠错步骤。也就是说，在思考这个实验时，应该牢记某些不足之处。首先，所使用的核磁共振系统处于非常接近最大混合态的状态。这样的系统被认为是不能实现量子计算的加速的。其次，文献[17]在核磁共振量子纠错实验中所使用的程序包括对量子信息的编码和解码。虽然这对原理验证实验是有好处的，但在真正的量子计算中，人们不应该解码或保留相关的量子纠错编码。相反，人们应该只使用明确的容错制备程序，丙氨酸的实验没有做到这一点。最后，实验中使用的保真度是归一化的，因此，与未编码的实验相比，该实验对量子态相干性的实际保存情况没有说明，无法准确评估其在保持量子态相干性方面的有效性。

　　在最初的量子纠错实验（以及后续实验）之后，研究者们在核磁共振中进行了一系列其他实验，以进行原理性的量子纠错方法验证。在此，简要地回顾一下几个比较重要的实验。

　　正如所提到的，液态核磁共振量子纠错实验的一个缺点是，该实验没有将纠错的结果与没有纠错的情况进行比较。为了克服这个问题，Ryan 等[24]在液态核磁共振中用量子纠错编码进行了一次实验，并比较了执行错误检测和不执行任何错误检测的结果。特别地，Ryan 等[24]使用了一个双量子比特相位纠错码，通过使用这个代码来候选出已检测到错误的状态，从而绕过了不实际执行错误纠正的问题。Ryan 等[24]进行了一个编码、存储和解码的实验，并与一个只进行存储阶段的实验进行了比较。所有这些都是在它们的分子（^{13}C 标记为甲酸盐）存在自然退相干的情况下完成的。虽然编码和解码确实将有效错误率改变为二阶，但编码和解码的结果导致信号在短期内降级比不进行编码和解码的情况要差。

　　液态核磁共振的另一个重要实验是五量子比特纠错码的实现[25]。这一结果的重要性不在于证明了这一重要的量子纠错编码，而在于引入以量子纠错编码为基准的概念，这一基准用于比较不同设备执行同一任务的性能。文献[25]使用纠缠保真度作为涉及五量子比特纠错码基准测试基本衡量标准。重要的是，衡量基准的标准应该是它在多大程度上实现了特定目标，并在 QEC 的背景下，使用了错误模型。例如，当只需要在 QEC 过程中保持纠缠时，文献[25]的核磁共振实验就达到了这种保真度。然而，这只表明，如果产生纠缠，纠缠将被保留。液体核磁共振状态不是纠缠的，执行这种纠缠保留的实际实验将不起作用，因为难以产生初始纠缠。然而，文献[25]在进行五量子比特纠错码的实验中，虽然证明了这一重要的量子纠错编码，但对于有编码和无编码的简单去极化信道，为了提高纠缠保真度等目标，该实验并没有达到一种收支平衡的状态。

文献[26]提出了结合 QEC 和无相干子空间的方法，特别是考虑了一个实验，首先将两个发生集体退相干的量子比特编码到无退相干自由子空间（DFS）中，再将 DFS 编码的逻辑量子比特与一个独立解码的量子比特结合，构建三量子比特的纠错码，其整体结构等价于标准的三量子比特相位翻转码。这是 DFS 编码与三量子比特相位翻转码串联的首次实验演示。

6.5 使用线性光学量子计算的实验

还有一个用于实现 QEC 方法的环境是线性光学量子计算。使用线性光学元件本身不能执行通用量子计算，因为它们不能实现足够大的么正群，但随着诸如创建和检测单个光子的能力的提升，有可能建立实现通用量子计算的基于测量的方案。这种方案很有前途，使用光来存储量子信息，因此具有寿命长的量子存储器[27-28]，但在单光子的产生和检测、光子进出设备部件的耦合以及大规模集成方面仍然面临相当大的挑战。目前的线性光学量子计算实验规模不够大，而且使用的元素保真度不够高，所以没有达到可以扩展的程度。但是在技术方面的改进是可能的，其能够让这个方案成为大规模量子计算的可行方案。下面展示线性光学量子计算基本思想的实验，其中的一种方法是使用后选法来过滤光子以进行所需计算的方式。后选法被应用于过滤有效的光子，通过选择具有特定量子态的光子对来减少错误并提高计算的可靠性。这种方法允许研究人员在实验中聚集于高保真度的信号，同时抑制不必要的噪声，从而优化量子计算的过程。因此，后选法为实现更大规模和更高效的线性光学量子计算提供了重要的技术支持，正是在这种背景下，进行了 QEC 实验。

实现量子纠错使用室温液态核磁共振实现的 QEC 实验和在核磁共振量子计算机上实现的 QEC 实验都是在核磁共振系统中进行的，实验中使用的代码不被认为一定是严格的量子纠错编码，但是在线性光学方案中会自然产生严格的量子纠错编码。假设将一个量子比特编码为 $\alpha|0_L\rangle + \beta|1_L\rangle$，其中 $|0_L\rangle = \frac{1}{\sqrt{2}}(|00\rangle + |11\rangle)$ 和 $|1_L\rangle = \frac{1}{\sqrt{2}}(|01\rangle + |10\rangle)$。接下来，在量子计算的基础上，选取一个量子比特进行测量

操作，并且进一步假设测量的结果是已知的。在测量一个量子比特的状态时，可能会因探测器不完美或光子丢失等原因产生测量错误。这样的测量错误在线性光学算法中会发生，例如，当人们试图传送一个量子门时，这个预示的结果错误可以很容易地被纠正（假设我们也知道哪个量子比特被测量）。如果测量结果对应于 $|0\rangle$，那么未被测量的量子比特仍然处于适当的叠加状态：$\alpha|0\rangle + \beta|1\rangle$。如果测量结果对应的是 $|1\rangle$，则未被测量的量子比特有一个比特翻转，这是可以被纠正的。在后面的这种情况下，纠错机制起作用，形成一个纠错码。类似的实验使用光子偏振作为量子比特沿着大致相同的路径进行。这些错误都是被设计到协议中的，并不是自然发生的。这两个实验都使用计数法来选择实验中执行编码的部分，并将其转换为上述基础，即编码过程中涉及的量子叠加状态和纠错机制。换句话说，只有当编码被认为是成功的时候才会记录结果，这种事后选择的机制是当前线性光学量子计算机实现的缺点之一，但是，与核磁共振中的方式大致相同，允许进行原理验证实验（与核磁共振不同，有适当的测量和制备，有可扩展的协议）。

在线性光学中实现 QEC 实验，实现了一个量子比特损失纠正码。同样，使用光子偏振作为量子比特来编码成一个四量子比特丢失码，然后通过测量其他两个光子的偏振，可以得到原始的量子比特，但要根据两个测量结果进行修正。进行上述研究的作者能够证明，在最坏的情况下，修正后的状态与期望的初始状态的保真度为 $F = 0.745 \pm 0.15$。最后，他们展示了如何通过对四量子比特丢失码的轻微修改来实现五量子比特集群状态丢失码。迄今为止最大的一个使用线性光学的 QEC 实验，使用了八量子比特拓扑码。同样，偏振被用作量子比特的基础，并由后选法制备初始的编码状态。

6.6　小结

QEC 的实验实现是量子计算机实验实现的伟大目标之一。我们已经看到，在 3 种不同的物理实现中，QEC 的基本思想得到了证明。然而，没有一个实验得出的结论能够证明，在存在自然误差源的情况下实现实际保真度的提高。显然，实验性 QEC 的下一个目标是超越原理性证明，进入实用性证明。从实验上讲，下一个重要步骤可能值得一试，那就是在纠错性能优于非编码的情况下（自然退相干和控制错误），展示稳定器码的基本容错协议。要做到这一点，我们应该舍弃用裸量子比特编码量子信息的实验，转而采用容错的制备方法。对于稳定器码而言，除了 QEC，我们还应该致力于实现现有可用的 Clifford 群门和 Pauli 特征态。这项任务十分艰巨，但对于量子计算机的一些物理实现来说，我们对门的保真度提高持有乐观态度。

参考文献

[1]   POSTOL M S. A proposed quantum low density parity check code[EB]. 2001.

[2]   FUJIWARA Y, CLARK D, VANDENDRIESSCHE P, et al. Entanglement-assisted quantum low-density parity-check codes[J]. Physical Review A, 2010, 82(4): 042338.

[3]   KOVALEV A A, PRYADKO L P. Fault tolerance of quantum low-density parity check codes with sublinear distance scaling[J]. Physical Review A, 2013, 87(2): 020304.

[4]   HU X Y, ELEFTHERIOU E, ARNOLD D M. Progressive edge-growth Tanner graphs[C]//Proceedings of the GLOBECOM'01. IEEE Global Telecommunications Conference. Piscataway: IEEE Press, 2002: 995-1001.

[5]   HU X Y, ELEFTHERIOU E, ARNOLD D M. Regular and irregular progressive edge-growth tanner graphs[J]. IEEE Transactions on Information Theory, 2005, 51(1): 386-398.

[6]   HOULT D I, RICHARDS R E. The signal-to-noise ratio of the nuclear magnetic resonance experiment[J]. Journal of Magnetic Resonance (1969), 1976, 24(1): 71-85.

[7]   TAKESHITA O Y, COLLINS O M, MASSEY P C, et al. On the frame-error rate of concatenated turbo codes[J]. IEEE Transactions on Communications, 2001, 49(4): 602-608.

[8]   FRIEDMAN N, GEIGER D, GOLDSZMIDT M. Bayesian network classifiers[J]. Machine Learning, 1997, 29(2): 131-163.

[9]   AGAIAN S S, SARUKHANYAN H G, EGIAZARIAN K O, et al. Hadamard transforms[EB]. 2011.

[10]   BERNDT J, TRICERRI F, VANHECKE L. Generalized Heisenberg groups[EB]. 1995.

[11]   EICHLER M. A new proof of the Baker-Campbell-Hausdorff formula[J]. Journal of the Mathematical Society of Japan, 1968, 20(1/2): 23-25.

[12]   GUTOWSKY H S, MCCALL D W, SLICHTER C P. Nuclear magnetic resonance multiplets

in liquids[J]. The Journal of Chemical Physics, 1953, 21(2): 279-292.

[13] KIELPINSKI D, MONROE C, WINELAND D J. Architecture for a large-scale ion-trap quantum computer[J]. Nature, 2002(417): 709-711.

[14] SARTHOUR R S, DE AZEVEDO E R, BONK F A, et al. Relaxation of coherent states in a two-qubit NMR quadrupole system[J]. Physical Review A, 2003, 68(2): 022311.

[15] LONG G L, YAN H Y, LI Y S, et al. Quantum mechanical nature in liquid NMR quantum computing[J]. Communications in Theoretical Physics, 2002, 38(3): 305-308.

[16] MILBURN G J, LAFLAMME R, SANDERS B C, et al. Quantum dynamics of two coupled qubits[J]. Physical Review A, 2002, 65(3): 032316.

[17] CORY D G, PRICE M D, HAVEL T F. Nuclear magnetic resonance spectroscopy: an experimentally accessible paradigm for quantum computing[J]. Physica D: Nonlinear Phenomena, 1998, 120(1/2): 82-101.

[18] JONES J A, MOSCA M. Implementation of a quantum algorithm on a nuclear magnetic resonance quantum computer[J]. The Journal of Chemical Physics, 1998, 109(5): 1648-1653.

[19] LINDEMAN L P, ADAMA J Q. Carbon-13 nuclear magnetic resonance spectrometry. Chemical shifts for the paraffins through C9[J]. Analytical Chemistry, 1971, 43(10): 1245-1252.

[20] KNILL E, CHUANG I, LAFLAMME R. Effective pure states for bulk quantum computation[J]. Physical Review A, 1998, 57(5): 3348-3363.

[21] XIN T, HAO L, HOU S Y, et al. Preparation of pseudo-pure states for NMR quantum computing with one ancillary qubit[J]. Science China Physics, Mechanics & Astronomy, 2019, 62(6): 960312.

[22] FORTUNATO E M, VIOLA L, HODGES J, et al. Implementation of universal control on a decoherence-free qubit[J]. New Journal of Physics, 2002, 4: 5.

[23] KWIAT P G, BERGLUND A J, ALTEPETER J B, et al. Experimental verification of decoherence-free subspaces[J]. Science, 2000, 290(5491): 498-501.

[24] RYAN C A, NEGREVERGNE C, LAFOREST M, et al. Liquid-state nuclear magnetic resonance as a testbed for developing quantum control methods[J]. Physical Review A, 2008, 78: 012328.

[25] RYAN C A, LAFOREST M, LAFLAMME R. Randomized benchmarking of single-and multi-qubit control in liquid-state NMR quantum information processing[J]. New Journal of Physics, 2009, 11(1): 013034.

[26] GE H, LIU W Y. A new quantum secure direct communication protocol using decoherence-free subspace[J]. Chinese Physics Letters, 2007, 24(10): 2727-2729.

[27] LVOVSKY A I, SANDERS B C, TITTEL W. Optical quantum memory[J]. Nature Photonics, 2009, 3: 706-714.

[28] JULSGAARD B, SHERSON J, CIRAC J I, et al. Experimental demonstration of quantum memory for light[J]. Nature, 2004, 432(7016): 482-486.